书山有路勤为径，优质资源伴你行
注册世纪波学院会员，享精品图书增值服务

Capabilities for Talent Development:
Shaping the Future of the Profession

ATD
能力模型

[美]帕特里夏·加拉甘　莫吉安·赫特　考特尼·维塔 / 著
Patricia Galagan　*Morgean Hunt*　*Courtney Vital*

苏文华　张野平　周烨 / 译

电子工业出版社
Publishing House of Electronics Industry
北京·BEIJING

版权贸易合同登记号　图字：01-2020-3971

图书在版编目（CIP）数据

ATD 能力模型 /（美）帕特里夏·加拉甘（Patricia Galagan），（美）莫吉安·赫特（Morgean Hirt），（美）考特尼·维塔（Courtney Vital）著；苏文华，张野平，周烨译. —北京：电子工业出版社，2021.3

书名原文：Capabilities for Talent Development: Shaping the Future of the Profession

ISBN 978-7-121-40476-4

Ⅰ. ①A… Ⅱ. ①帕… ②莫… ③考… ④苏… ⑤张… ⑥周… Ⅲ. ①企业管理—职工培训 Ⅳ. ①F272.92

中国版本图书馆 CIP 数据核字(2021)第 034914 号

责任编辑：杨洪军
印　　刷：北京盛通商印快线网络科技有限公司
装　　订：北京盛通商印快线网络科技有限公司
出版发行：电子工业出版社
　　　　　北京市海淀区万寿路 173 信箱　邮编 100036
开　　本：720×1000　1/16　印张：13.75　字数：154 千字
版　　次：2021 年 3 月第 1 版
印　　次：2023 年 6 月第 8 次印刷
定　　价：68.00 元

凡所购买电子工业出版社图书有缺损问题，请向购买书店调换。若书店售缺，请与本社发行部联系，联系及邮购电话：（010）88254888，88258888。

质量投诉请发邮件至 zlts@phei.com.cn，盗版侵权举报请发邮件至 dbqq@phei.com.cn。

本书咨询联系方式：（010）88254199，sjb@phei.com.cn。

序

ATD研发专业模型已经有40多年的历史。基于对影响该领域的从业者的研究，以及对专业人员所需的知识、技能、能力和行为的研究，我们发现模型的不断迭代可以有效地定义并促进本专业的发展。综上所述，模型揭示了变化的轨迹——从战术性地聚焦于培训从业者转变为关注更为广泛的在组织中从事人才发展的人士，从而使他们能够实现当前的目标并为未来的成功做好准备。

那些在这个行业工作了很长时间的人都意识到，从业者的专业知识以及如何应用这些专业知识的能力都在不断积累。组织的敏捷性和成功概率取决于从业者促进学习和改变的能力。从业者的能力是成功企业的关键。正如今天很多组织所证明的那样，它们对人才发展的依赖已经从职能上转移到了高级别领导力上。

刚接触这个行业的人会发现，培养自己的能力对职业的发展和成功至关重要。新的 ATD 能力模型，以及对它的持续研究，定义了成功所需要的个人的、专业的和组织的影响力。我鼓励你学习并应用该模型，并将其作为该领域知识、技能和职业发展的指南。

当启用新的 ATD 能力模型时，我们要感谢 HumRRO（Human Resources Research Organization，人力资源研究机构）的研究伙伴，他们指导 ATD 员工完成了研究、分析和建模的所有阶段。我们还要特别感谢伊莱恩·碧柯（Elaine Biech）、约翰·科恩（John Cone）和威廉·罗斯威尔（William Rothwell）。我们也要感谢能力研究项目小组和顾问委员会的 25 名成员，他们协助 ATD 设计了调查问卷，并分析了趋势和研究结果。（关于项目贡献者的完整列表，请参见第 184~191 页。）

这个行业的每个人都有前所未有的机会来帮助个人和组织成功。感谢你与 ATD 的合作，感谢你与世界各地成千上万的人才发展专业人士一起为这个领域注入活力，并通过努力为这个领域带来成就。在你的帮助下，ATD 将继续赋能专业人士开展人才发展的工作。请让我们知道，我们将如何继续帮助你在你的职业生涯中不断成长。

托尼·宾汉姆

ATD 总裁兼首席执行官

前言

在过去的 70 多年里，ATD 必不可少的使命之一就是通过对能力的研究为我们的专业建立卓越的标准。我们目睹了外界环境的多变性所推动的工作场所的持续变革，见证了科技从根本上改变了我们的工作方式。该领域的最佳实践和相关期望已经跟上了时代的变化，ATD 仍坚定地致力于帮助他人在工作场所发展人才。我们的行业标准研究已经帮助了人才发展专业人士，以及在组织中培养人才的管理者和领导者，评估、升级和扩展他们所承担职能应掌握的技能，并将培训和员工发展与组织战略及目标联系起来。迄今为止，ATD 已经认证了近 3000 名人才发展专业人士，并通过我们基于能力的培训课程培训了超过 10 万名学员。

本书是 ATD 历史上的又一个里程碑，是我们 40 多年来的第九次研究，并首次定义了人才发展的概念，以更好地反映学习专业人士所承担的更广泛的职能和责任，以及发挥的战略影响。该研究全面总结了 ATD 与 HumRRO 的合作研究，HumRRO 是一家非营利性研究和咨询公司，致力于支持以提高人类、职业和组织效能的质量测试与培训项目。

该研究列出了主要的社会力量和商业变革，这些都需要专业人士采用新的方法并提升新的技能来跟上时代的步伐。它提供了一种通用语言，为全球从业者网络共享定义、方法和概念。同时，它也作为一个信号，告诉专业人士在发展他人的工作中知道什么和做些什么是最重要的。

什么是人才发展以及人才发展专业人士需要做些什么

人才发展领域是深远而博大的。在本书中，人才发展指的是努力促进学习和员工发展，以实现更好的组织绩效、生产力和结果。

人才发展包含丰富的理论和实践，其从业者具有不同的背景和专业知识。虽然很多人是通过人力资源或从事组织发展教育并具备相关经验进入这个行业的，但也有很多人并非如此。主题专家主要负责指导他人。许多人是从事其他领域工作之后再进入人才发展领域的。无论职位高低，人才发展专业人士都致力于帮助他人学习和成长，为实现变革和转型赋能。

研究方法概述

该研究于 2018 年和 2019 年期间实施，ATD 确定的多个专家组在这个期间中发挥了关键作用。一个由 13 名行业专家组成的顾问小组为研究提供指导，以支持研究的设计和实施，包括分享有关该行业的见解、识别新兴趋势、推荐相关文献、解读职业调查结果，并就研究方法向 ATD 提供建议。

与研究最佳实践一致，该研究方法围绕职业调研展开，针对世界范围内具有代表性的人才发展专业人士进行。该研究的设计和开发得到了一个由 12 人组成的工作组的支持。来自 73 个国家的 3000 多名专业人士提供了完整的回答（23%的参与者来自美国之外）。受访者评估了对于现在和未来 3～5 年优异的工作表现所需的 197 种能力的重要性。研究人员收集数据并进行统计分析，以检查受访者的分布和重要性评级。（附录 C 详述了数据收集过程及其发现。）

顾问委员会审阅了研究结果，以确定哪些知识和技能对人才发展的成功表现是相关和重要的。在做决定时，他们考虑了多种信息，包括能力调查评分、能力的数量和种类，以及他们自己的专业经验和知识。在调研包含的 197 种能力中，顾问委员会确定了 188 种对人才发展专业人士现在和未来 3～5 年的成功表现相对重要的能力。

能力模型研究的基础是捕捉了自前一个模型发布以来社会和更大的商业前景的主要变化。我们所属领域的主要变化是通过全面的文献回顾、专家从业者的访谈和顾问委员会讨论确定的。这些趋势涵盖了商业、技术、学习、科学发展和职业本身的各个领域。

趋势研究中最值得注意的发现是，人才发展不再仅仅关注学习的设计和交付等战术方面。相反，人才发展领域已经成为组织成功和竞争优势的关键因素，使从业者成为实现组织目标的所有业务领域的重要合作伙伴。

──────● 思想领袖的观点 ●──────

> 人才发展专业人士不能只是学习或教学设计方面
> 的专家，他们必须有一个整体的、战略性的思考水平。
> 这也正是很多公司都在寻求的。
>
> ──妮可·卡特
> US Venture Inc.人才经理

随着商业的大多数方面已进入发展的快车道，人才发展专业人士正在向自我指导的、个性化的和快速更新的加速学习转变。它们帮助学员独立地和可自我调控地学习他们所要学习的内容，所以这些内容越来越多地以定制和及时的方式被提供。

人才发展专业人士需要掌握关键技能，如商业和技术的敏锐度、数据分析和内容管理等。他们花更多的时间与其他业务部门合作，将学员的注意力集中在效率的最大化上。在人工智能和大数据时代，人才发展专业人士在分析和解读数据、获取见解和总结发现等方面面临着新的挑战。

随着数据的激增，人才发展专业人士有了新的渠道和方式来提高他们工作的有效性。衡量和评估人才发展的影响是必须要做的事情，可以将其结果提炼成有意义的商业案例，投资于人以实现真正的价值。同样重要的是，我们行业的从业者需要成为他们所服务企业的管理者和领导者强有力的顾问与合作伙伴。

从胜任力到能力

虽然过去的研究已经确立了胜任力模型框架，但是 ATD 的关注点已经扩展到帮助人才发展专业人士需要掌握的能力上，这些能力不仅能帮助他们胜任今天的工作，还能帮助他们做好准备面对未来的挑战。胜任力是指拥有完成一项工作所必需的知识和技能。它是绩效不可或缺的一部分，也是能力的一个要素。然而，能力是为了满足未来的需求，让从业者具备更高的适应性和灵活性。胜任力则反映了当前状态。能力涉及"知识、技能和个人素质的有效整合，以应对多样的、熟悉的和不熟悉的环境"（Nagarajan 和 Prabhu，2015）。

权威管理思想领袖塞斯·高汀曾说过："胜任力不再是稀缺商品。"互联网和无处不在的信息使得人们可以在任何时间了解任何事情。仅仅知道一些事情不再是一种职业优势。今天的专业人士需要把这些知识运用到工作中去创造、创新、领导、管理变革并展示影响。从业者需要超越设计、开发和交付学习解决方案去预测与诊断个人及组织的需求，并赋能于人以充分发挥其潜力。相对于他们的角色或专业，他们在将自己的工作与人才如何创造竞争优势并支持组织战略这一更大愿景相结合这个方面将产生更大的影响。

———— ● 思想领袖的观点 ● ————

人才发展专业人士的职责范围已经被扩大——他们必须更好地利用和理解领导力开发的理论与原则。

——罗伯特·布林克霍夫
西密歇根大学教授

模型概述

该模型回答了这样一个问题：人才发展专业人士应该知道什么并做些什么才能获得成功？我们的研究产生了大量证据可以有效解释为什么需要这些知识和技能，这些知识和技能将成为模型的重要组成部分。该研究始于确定人才发展专业人士在工作绩效方面所需或期望的潜在个人和专业属性，最后以视觉化的图示来描述从事该专业领域个人所需的主要能力范围。

因为专业领域总是在不断变化，所以我们需要定期更新模型，以准确地表示工作范围和性质的变化。ATD 通常每五到七年会进行这项工作。当前的研究反映了现阶段的实践水平和未来五年的发展情况。然而，当前的研究也加入了两个重要的变化。

首先，分析的重点转移到评估全球人才发展专业人士上（以前的研究侧重于培训和发展，并强调美国原则和实践）。将焦点扩大到整个人才发展行业，引入更大的从业者群体，因为他们在更广泛的角色中发挥作用，所以模型也包含了更多新的胜任力。

其次，分析的模块被转移到普遍适用的属性上（如知识和技能）。关注行为、态度、工作活动或工作任务可能是有用的，但这些属性因人、组织、文化和地理位置不同而存在不稳定性。

因此，新模型围绕三个实践领域：

- 来自人际交往技能的能力。
- 来自构建人员发展相关专业知识并帮助他们学习的能力。
- 影响组织推动成果和使命达成的能力。

除此之外，三个领域又可细分为 23 种能力，详细表明了从事该专业领域所需具备的核心要素。

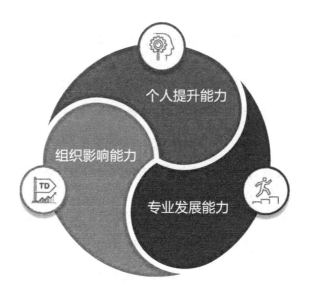

应用模型

　　新的 ATD 能力模型是面向未来的、灵活的和可定制的。最重要的是，它被设计成一个实用的可在人才发展专业领域获得成功的路线图。它可以用来评估当前的技能，并扩展到新的职能领域，也可以用来调整个人培训计划。组织也可以用它来决定人才发展部门的结构和人员配备。本书包含给个人、教育工作者和组织的应用提示，以及应用案例和相关采访。

无论你如何应用该模型，我们都希望你能抓住机会为你自己、你的客户和你的组织创建一个行动计划。

呼吁行动

人才发展专业人士追求新知识和拓展技能的能力将决定其未来工作成功与否。鉴于发展他人是一项重要的责任，我们应该不断地自我发展。

目录

第 1 章

什么是人才发展

ATD 能力模型

　　人才发展的定义几乎和从业者一样多。其定义因国家、文化、行业、组织策略，以及从业者职责的不同而各不相同。对一些人来说，人才发展是释放人类潜能的重要工具。对另一些人来说，它是一系列驱动组织绩效、生产力和结果的实践能力。人才发展也可以是通过创建流程、系统和框架来推动组织绩效、生产力和结果的主要机制，这些流程、系统和框架可以促进学习以实现个人绩效最大化，协同业务领导人开展与战略业务优先级和成果相一致的工作。

　　人才发展也是一种职业——一种充满才华和激情的个人职业，包括培训和正式的资格认证。为了支持人才发展专业领域，ATD 开发了很多模型来界定人才发展专业人士需要知道和做的事情。这是大多数职业的普遍做法。

　　ATD 认证协会是由 ATD 创建的一个独立组织，旨在为人才发展专业领域制定行业标准，基于 ATD 相关模型开展两种资质认证。在职业生涯的早期，从业者可以获得一个入门级别的证书，经验再丰富一些就可以获得一个专业级别的证书。

职业的发展

要了解这个职业的发展方向，就需要回顾人才发展的历史。人才发展最初被称为培训，通过教学设计，并向员工、管理者和领导交付培训项目，使他们能够成功地完成工作，从而在组织中站稳脚跟。培训弥补了正规教育缺失的部分，帮助从业者做好准备，让他们能够胜任某个行业或组织所特有的工作岗位。

多年来，随着组织和从业者的工作变得越来越复杂，优异的绩效越来越依赖于从业者的专业知识，以及学习和改变的能力，培训演变成专注于提高组织绩效的一系列广泛的能力。由于从提供教学转向通过人才发展专业人士用最恰当的方法帮助从业者学习和成长，因此培训和工作场所持续学习演化为人才发展。业内人士逐步担当起战略伙伴的角色，肩负着在卓越服务运营中提升人类能力的责任。

今天，许多人才发展职能的角色是将发展与组织联系起来，推动学习日程，优化学习环境，并有效利用学习的技术和科学。

• 思想领袖的观点 •

　　作为可信赖的顾问指导人才发展和变革管理的决策，培训师成为政策制定者、咨询顾问、商业伙伴，甚至分析师。

——乔纳森·霍尔斯

乔纳森·霍尔斯事务所总裁兼首席执行官

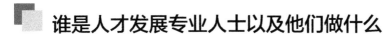

谁是人才发展专业人士以及他们做什么

人才发展拥有丰富的理论和实践，其从业者都有不同的职业起点。有些人一开始是主题专家，被请来教授其他人。有些人是在人力资源开发或组织行为学等领域获得学位后进入这个行业的。还有很多人来自教育、经济、工程、政治、心理学、管理和人文学科等不同领域与职业。

人才发展专业人士非常重视教育和学习，作为一个群体，他们受过良好的教育。ATD 在 2019 年的研究表明，在美国，87%的人拥有至少四年的大学学位，44%的人拥有硕士学位，5%的人拥有博士或专业学位。除了人力资源和组织发展，硕士学位最热门的学科领域是商业、商业管理和教育，教育则包括教学设计、教育技术、课程体系和教学。

此外，人才发展专业人士还会扮演许多角色，从教学设计师、教练或顾问等专家角色，到使用广泛实践来实现组织目标的多面手。所有从业者都有责任促进学习、使用技术来最大化可获得性，并与其他人合作使发展与战略优先事项保持一致。

这些通向人才发展领域的路径，在实践中产生了不同的视角。因此，没有单一种类的人才发展专业人士。

● 思想领袖的观点 ●

真正的人才发展从业人士可以看到人才发展的全貌，以及它是如何融入组织中的。

——温迪·盖茨·科比特
CPLP，Refresher Training LLC 总裁

今天，人才发展专业人士为组织提供服务，承担顾问的角色，并在许多组织中引导变化和变革。他们的工作是将学习与新方向结合起来，并帮助企业管理变革中的人为因素。如今，人才发展专业人士晋升到为首席执行官和管理团队的优先事项服务的高管职位，已经很常见了。

人才发展专业人士的多样性也反映在 ATD 会员不断变化的人口结构中。该协会成立于 1943 年，前身是美国培训总监协会（American Society of Training Directors），是为美国该领域的从业者服务的。现在，ATD 会员跨越六大洲的 123 个国家，按成员数量排名，靠前的国家包括澳大利亚、加拿大、中国、德国、印度、日本、韩国、沙特阿拉伯、新加坡和英国。

工作环境的变化

自 2013 年 ASTD 胜任力素质模型发布以来，全球的工作环境发生了巨大的变化。技术改变了整个行业，迫使许多组织必须适应新的环境，并保持生存。预测和开发人类实现未来目标的能力已经成为组织成功的策略。

经济学家、社会科学家、神经学家、教育家、游戏开发者、科技企业家和顾问都对未来的工作方向有自己的看法。他们的许多预测是相似的：工作将更加趋于协作，并以团队为导向，更加自动化，与社会技术的联系更加紧密。它的变化将比以往任何时候都要快。

然而，有一件事已经很清楚了：未来的工作需要更多的学习和更加快速学习的能力。

对于人才发展专业人士来说，三个常青的主题——领导力、变革和技术——在未来可能仍然很重要，但技术将吸引更多的关注，因为它将继续革新人们购买、工作、交流和学习的方式。IBM 首席执行官罗梅蒂曾说过："每一份工作都需要一些技术，因此我们必须改进教育。K-12 课程体系是显而易见的，但成人再培训——终身学习系统——将更加重要。"

———— • 思想领袖的观点 • ————

随着企业规模的扩大和自动化程度的提高，企业如何管理人才是其仅有的几个明显的竞争优势之一。

——卡尔·卡普
布隆伯格大学、交互技术学院教授和顾问

可以肯定的是，在不久的将来，提升从业者技能并引导他们从事新的职业，将占据人才发展专业人士工作的很大比重。帮助人们利用技术进行协作也将发挥作用。其他的新角色可能包括协调学习和工作中社交工具的使用，帮助学员管理他们的学习时间，以及提高组织的社交媒体使用意识。变革管理的比重也将大幅度增加。

似乎可以肯定的是，人工智能将成为未来职场的一个决定性问题，而且人类很难跟上，因为技术在不断进步。许多人对人工智能非常谨慎，因为据预测，人工智能将通过自动化夺走很多工作，而那些被人工智能取代的人将需要重获新的技能。专家认为，具备一定创造性和社交互动的工作岗位，如管理人员，在一段时间内是安全的，但更多类型的工作岗位将会消失，或者对目前从事这些工作的人来说工作内容过于技术化。麦肯锡预测，到 2030 年，人类将会实现充分就业，但其也表示，目前的工作有一半可以利用现有技术实现自动化。

基于这种持续的变化和不确定性，ATD 的 2019 年胜任力研究确定，人才发展专业人士的模型应该首次包括与想象和为未来学习及工作做准备相关的特定技能。

与你有关的能力模型

在人才发展的新形势下，要想取得成功，从业者就必须具备一种积极主动的、成为业务合作伙伴的心态。未来的人才发展专业人士将需要预测和诊断个人与组织的需求，并创造能够使个人充分发挥其潜力的情境。

无论你是培训师、独立顾问还是组织内负责学习职能的总监，无论你是在职业生涯的开始就进入这个专业领域，还是在后续的工作和生活中跨越到这个专业领域，你都是人才发展专业人士。我们为你设计了 ATD 能力模型，以反映你现在和将来作为人才发展专业人士在最佳实践的前沿所需要知道和做的事情。

atd

第 2 章

ATD 能力模型

自 1978 年以来，九个能力研究和模型在持续跟踪该行业的发展和变化，从专注于培训设计和交付，到作为战略业务伙伴的更广泛角色。1983 年的卓越模型是第一个定义培训和发展的模型。1989 年，人力资源开发实践模型重新定义了专业领域，包括职业和组织发展。1996 年的模型的重点是绩效改进，两年后是关于学习技术的 ASTD 模型，1999 年则是工作场所学习和绩效的模型。2004 年的模型则为基于胜任力的认证提供了基础。

2013 年的胜任力研究针对的是 2008 年全球经济大萧条和由此引发的衰退所带来的专业领域变化。这是第一个解决数字、移动和社会技术改变工作场所对职业产生影响的研究。它还引起了人们对随着新一代工人的到来而出现的从业心态转变的关注。这项研究还挑战了长期以来关于人才管理、衡量和评估学习的影响、从业者敬业度和从业者期望的假设。它认为学习是一个过程，而不是一个离散的事件，并发现引导和在学习环境中赋能正在取代培训交付扮演这一行业的重要角色。

影响 2013 年胜任力模型的三个因素（快速发展的技术、劳动力人口的结构变化和全球化的步伐）在接下来的五年里得到了强化。现今最新一代的从业者期望得到学习和成长的机会，他们也给工作带来了一种互联和社交网络的文化。尽管有些人在选择和评估学习内容方面缺乏经验，但是他们重视以经验为基础的学习，是灵活的学员。

这些从业者正在重塑工作、行业和组织，以及人才发展的实践，他们也影响了 ATD 2019 能力模型的设计。

模型

2019 年的研究发现，知识、技能和态度有效地将人才发展专业人士的职业生涯分为三个主要的实践领域：来自人际交往技能的能力、来自构建人员发展相关专业知识并帮助他们学习的能力、影响组织推动成果和使命达成的能力。在这三个广泛的实践领域中，知识、技能和态度被进一步细化为 23 种能力。

在 2019 年的研究中，重要发现包括所有层次的人才发展专业人士需要整体地看待整个人才发展生态系统。虽然人才发展专业人士作为教学设计师或教练可能有一个特定的关注领域，但是他们需要了解他们的工作如何契合和影响更大的组织。通过综合运用三个实践领域的能力，人才发展专业人士将变得更加精干高效。因此，在新的能力模型中没有层次结构——三个主要的实践领域中的每个能力都是获得成功的关键要素。

个人提升能力
沟通
情绪智力与决策
协作与领导力
文化意识与包容
项目管理
合规与道德行为
终身学习

组织影响能力
业务洞察力
咨询与业务合作
组织发展与文化
人才战略与管理
绩效改进
变革管理
数据与分析
未来准备度

专业发展能力
学习科学
教学设计
培训交付与引导
技术应用
知识管理
职业与领导力发展
教练
效果评估

人才发展能力模型

与之前概述了 10 个专业领域的模型不同，新模型并不打算为某一种工作角色提供独立的特定能力。例如，培训交付与引导能力并不包含承担引导培训课程角色的人需要知道和能够做到的所有事情。然而，这一能力的知识和技能加上其他能力的知识和技能，将使这些人能成功地履行他们的角色。

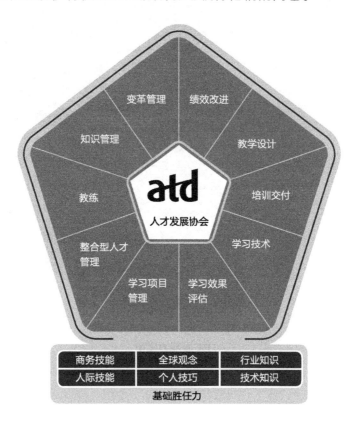

　　同样，每 100 位人才发展专业人士将有 100 个不同的工作描述，以及 100 个不同的职责。由于这个原因，新模型可以根据个人的角色和职责进行定制。将必要的知识和技能按照更加分散的能力进行分组，允许个人、人才发展职能和组织按照他们的发展将那些最适用于他们的知识和技能进行组合。

从胜任力到能力

一些团体和利益相关者，包括顾问委员会和 ATD 的首席人才发展官网络，为该模型的下一次迭代进行了大量投入。关于"胜任力"的讨论揭示了这个术语有一定的限制，而且较为过时。在进一步的讨论中，专家们达成了一个共识，即在描述该模型时，"能力"应该取代"胜任力"。

胜任力是 60 年前组织心理学家 R.W.怀特通过对激励理论的研究发现的一个概念。在人力资源术语中，胜任力被定义为"能够提高工作效率和业绩的一套可以展现的特征与技能"。

相比之下，能力广义上指的是才能和现阶段能力的质量或状态。《商业词典》将能力定义为"实体（部门、组织、人员、系统）实现其目标所需具备能力的程度，特别是与其总体任务相关的能力"。

2019 年的 ATD 模型摒弃了"胜任力"一词，在实现个人或组织目标时采用了更广泛的能力概念。它意味着行动和影响。

根据《韦氏词典》，能力也指"具有发展能力的特征或才能"，换句话说，指潜力。这与人才发展作为释放人类潜力的工具的观点是一致的。

从胜任力到能力的这一变化在新的模型中得到了充分体现，它将人才发展领域划分为个人提升能力领域、专业发展能力领域和影响职业成功所需的组织影响能力领域。

面向未来和可定制

熟悉之前发布的 ATD 胜任力素质模型的人会注意到 2019 年模型的变化，后者更适合当今人才发展行业的复杂性。

新模型是面向未来的，既反映了当前人才发展领域的状态，也反映了未来五年人才发展领域的状态。它能够应对影响人才发展的趋势，如数字化变革、数据分析、信息可用性，以及人才发展和商业之间的合作关系。它还预测了未来的工作场所将由人工智能和由大部分兼职与合同工组成的劳动力构成。

新模型具有灵活性和可更新性。在 ATD 开发和更新其模型的 41 年里，这个行业的"内容"已经逐渐发生了变化。然而，特别是近年来，随着关注焦点从传授知识的策略转移到促进学习和与企业合作的广泛概念，"怎么做"也发生了迅速的变化。在 2019 年模型的 23 种能力中，知识、技能和态度比以往更广泛，更不受情境的限制，因此模型更容易更新。

参与该研究的顾问们还注意到，由于组织规模、使用的技术数量不断变化，周边问题（如行业瓦解和衰退，规模和影响力迅速上升，人才发展中角色的流动性）日益增加。这个行业已经进入了一个新的时代，一份工作不再等同于一个单一的角色，工作通常由项目和承担项目的团队来定义。因此，顾问们建议该模型具有交互性并可定制。今天，人才发展从业者的角色从教学设计师到成长和创新的催化剂、变革领导者、学习的推动者、工作场所能力的开发者，以及商业伙伴。

———————————————●思想领袖的观点●———————————————

　　人才发展需要提高组织快速学习的能力，因为这是现在竞争的基础。

——约翰·科恩

The Eleventh Hour Group 校长

模型域和能力

2019 年的 ATD 能力模型包括三个主要领域或所需技能范围，涉及 23 种能力。该模型将主要领域描述为相邻的单元，以表明不存在隐含的层次结构。

个人提升能力

- 沟通
- 情绪智力与决策
- 协作与领导力
- 文化意识与包容
- 项目管理
- 合规与道德行为
- 终身学习

专业发展能力

- 学习科学
- 教学设计

- 培训交付与引导

- 技术应用

- 知识管理

- 职业与领导力发展

- 教练

- 效果评估

组织影响能力

- 业务洞察力

- 咨询与业务合作

- 组织发展与文化

- 人才战略与管理

- 绩效改进

- 变革管理

- 数据与分析

- 未来准备度

第 4 章定义了 23 种能力，以及它们具体的关键知识领域和技能领域。

—————————— • 思想领袖的观点 • ——————————

　　我认为我们需要提升我们的角色，成为领导者的顾问。我们的领导者有很多事情要考虑。我们需要知道他们的问题是什么，以及我们如何能够帮助他们解决这些问题。

　　　　　　　　　　　　　　　　——伊莱恩 • 碧柯

　　　　　　　　　　　　　　ebb associates inc.总裁

职业调查结果

在对思想领袖的访谈中，我们总结出一些确定的趋势，体现在对知识、技能和态度描述的发展上，凸显在研究结果中。根据对各种知识和技能描述的评分，很明显，一线人才发展专业人士认为人才发展对组织的成功是至关重要的，可以用来驱动结果和形成市场优势。（有关职业调查的详细资料，请参阅附录 C。）

与人际交往技能相关的知识和技能描述，通常被称为"基本的"或"赋能的"胜任力，在个人提升能力中被评为最重要的（见表 2-1）。

表 2-1　对 23 种能力的调查结果

领域/能力	当前平均重要性	未来平均重要性（3～5 年）
个人提升能力	3.15	3.34
沟通	3.42	3.56
情绪智力与决策	3.20	3.36
协作与领导力	3.06	3.29
文化意识与包容	3.01	3.27
项目管理	3.07	3.25
合规与道德行为	2.95	3.12

ATD 能力模型

续表

领域/能力	当前平均重要性	未来平均重要性（3～5 年）
终身学习	3.37	3.52
专业发展能力	2.94	3.19
学习科学	3.05	3.15
教学设计	3.18	3.37
培训交付与引导	3.25	3.36
技术应用	2.81	3.14
知识管理	2.96	3.26
职业与领导力发展	2.69	3.02
教练	2.80	3.13
效果评估	2.75	3.07
组织影响能力	2.94	3.23
业务洞察力	2.85	3.24
咨询与业务合作	3.14	3.35
组织发展与文化	2.93	3.18
人才战略与管理	2.95	3.25
绩效改进	3.09	3.36
变革管理	2.89	3.21
数据与分析	2.70	3.04
未来准备度	3.00	3.27

注意：能力范围内的每个知识和技能描述都按 1～4 分进行评分，1 分表示不重要，2 分表示次重要，3 分表示重要，4 分表示非常重要。

绝大多数受访者认为，与业务合作有关的任务的重要性，与那些影响组织战略和成功的任务同等重要。有些情况，比传统上认为在培训发展和交付领域的任务的重要性更高。

　　这进一步证明了，为了让工作更加高效，需要具备传统培训和发展系列技能之外的能力的重要性。三个实践领域中几乎同等重要的评分突出了人才发展专业人士需要掌握多种技能的要求。

　　具有最高重要性评分的能力进一步凸显了在与思想领袖和专家的访谈中发现的趋势，尤其是咨询、合作和协作的重要性日益增加，以及需要为未来的快速变化做好准备（见表 2-2）。

表 2-2　重要性评分最高的能力

领域/能力	当前平均重要性	未来平均重要性（3～5 年）
沟通	3.42	3.56
终身学习	3.37	3.52
教学设计	3.18	3.37
培训交付与引导	3.25	3.36
情绪智力与决策	3.20	3.36
咨询与业务合作	3.14	3.35
协作与领导力	3.06	3.29
未来准备度	3.00	3.27

注意：能力范围内的每个知识和技能描述都按 1～4 分进行评分，1 分表示不重要，2 分表示次重要，3 分表示重要，4 分表示非常重要。

模型的价值

ATD 2019 年的能力模型旨在展示人才发展专业人士在当前全球工作环境中和不久的将来需要掌握什么才能在他们的工作中取得成功。它还表明，人才发展是推动绩效、生产力和卓越运营的主要机制。

除了说明人才发展的角色不断扩大，该模型还有许多其他应用。个人可以用它来评估他们现有的知识和技能，以备将来成功所需。他们也可能用它来决定可能的职业道路。此外，企业可以利用它来了解如何运营人才发展职能和该职能在组织结构中的位置。组织领导可以使用该模型来确定在领导团队中人才发展总监的资质，或者识别人才发展职能的能力差距。教育工作者、招聘人员和其他人可以用它来帮助沟通专业范围，以探索人才发展职业生涯或规划他们的专业发展。该模型对于那些考虑 ATD 认证证书的人来说也是一个有价值的资源。第 4 章将深入探讨该模型可能的应用。

● 思想领袖的观点 ●

我们需要更好地找到个人能力和组织新需求之间的交集。

——约翰·科恩
The Eleventh Hour Group 校长

在进入模型应用之前，我们将首先探讨组成模型的领域和能力。

第 **3** 章

ATD 模型领域和能力

ATD 能力模型

　　正如前几章所指出的，新的 ATD 能力模型与该领域以前的胜任力模型有显著的不同。在本章中，你将看到更加广泛的实践领域、相关能力以及与每种能力相关的知识和技能。

个人提升能力

这一实践领域体现了所有专业人士为了在职场中有效工作应具备的基本能力或赋能能力。这些能力主要是指人际交往技能，通常称为"软技能"，是建立有效的组织或团队文化、信任和敬业度所必需的。

沟通

沟通就是与他人沟通。要想有效沟通，就需要掌握沟通原则和技巧，向特定受众清楚传达相应信息。这需要积极倾听，引导对话，以及清晰、简洁且有力地表达个人想法、感受和观点的能力。

关键知识领域

研究结果只能还原该能力的能力描述。

关键能力

高效的人才发展专业人士需要具备以下技能：

- 以清晰、简洁和引人注目的方式表达思想、感受和观点。

- 运用积极倾听的原则（例如，专注于某人说了什么，推迟判断，并适当给予回应）。

- 使用沟通策略知会和影响听众。

- 运用说服和影响技术与利益相关者达成共识，并获得其承诺和支持。

- 以各种形式且通过各种媒体（如报告、简报、备忘录、演示文稿、文章和电子邮件）构思、开发和交付信息。

- 运用口头、书面和非语言沟通技巧（例如，日程设置，问开放式问题，表明态度和尊重，展示专业形象）。

- 与个人和团体进行对话引导，帮助他们识别、表达、澄清他们的想法和感受。

- 表达和传递价值主张，以获得利益相关者的承诺、支持与认同。

情绪智力与决策

情绪智力和决策的能力对职业成功至关重要。情绪智力是指了解、评估和管理自己的情绪，正确解读他人的言语和非言语行为，以及调整自己行为和与他人关系的能力。情绪智力是建立融洽关系的关键因素。决策需要确定做出某项决定的必要性和重要性，并辨别各种选择，收集与选择相关的信息，然后根据适当选择采取行动。

关键知识领域

人才发展专业人士在该领域需要的知识如下：

- 情绪智力相关理论。
- 学习和展示意志力的技巧与方法（如冥想、正念和换位思考）。
- 决策模型（如达成共识、民主和专制）。

关键能力

高效的人才发展专业人士需要具备以下技能：

- 评估和管理自己的情绪状态。
- 识别影响个人认知和行为的偏见。
- 观察和解释个人与团体的语言及非语言行为。
- 调整自己的行为，以应对或预期他人行为、态度和想法的转变。
- 用逻辑和推理来确定替代解决方案、结论或解决问题的方法的优点与缺点。

| 协作与领导力

领导力是指具有影响力和远见，这也有助于促进合作。要想变得善于合作，就必须具备营造环境、鼓励团队和相互尊重的能力，尤其是在跨职能部门之间。协作与领导力需要实施人员有效沟通，做出反馈并对他人的工作进行评估。对于领导力，实施者还需要具备有效协调人与工作，以便推进企业战略的能力。高效领导者能够激发员工和团队的信任度与敬业度。

关键知识领域

人才发展专业人士在该领域需要的知识如下：

- 构建和管理专业关系的理论、方法与技术（如团体动力学、团队合作、共享经验和谈判）。
- 建立和管理不同业务部门之间协作的方法与标准（如财务、运营、IT、销售和营销）。
- 冲突管理技巧。
- 管理和监督他人的方法与技术（例如，指导他人的工作，分配任务，提供指导和支持，分配工具和资源）。
- 提供反馈的原则和技巧。

- 领导力理论（如变革、包容和情境）。

关键能力

高效的人才发展专业人士需要具备以下技能：

- 构建和管理团队与工作小组（例如，运用团体动力学，培养团队精神和协作）。
- 整合众人观点来构建不同观点的一致性。
- 管理冲突（例如，提供反馈，调解和解决纠纷）。
- 为他人匹配、分配和授权工作。

｜ 文化意识与包容

文化意识与培养包容性工作环境的能力是当今全球商业环境的一项要求。要做到这两方面，就必须尊重不同观点、背景、习俗、能力和行为规范，同时确保所有员工得到尊重，并充分利用其能力、洞察力和见解，使每个人都能参与其中。

关键知识领域

人才发展专业人士在该领域需要的知识如下：

- 工作场所的文化差异（如沟通风格、组织和商业习惯、着装和家庭责任）。

- 影响决策和行为的社交与文化规范。

- 培养文化意识、鼓励文化敏感性和拓宽视野的方法与技巧。

- 鼓励和促进工作场所多样性与包容性的方法。

关键能力

高效的人才发展专业人士需要具备以下技能：

- 在多样性的环境和情境下，针对职能适应和调整态度、观点与行为。

- 在人才发展战略和计划中整合多样性与包容性的原则。

| 项目管理

分析学习或人才发展解决方案中的要素并排定优先顺序，这有助于确保学员获得有意义的并相关的体验。有效的项目管理需要具备在有限时间内规划、组织、指导和控制相关资源完成特定目标的能力。

关键知识领域

人才发展专业人士在该领域需要掌握项目管理原则和流程等知识（如计划、规划、分配资源、评估和报告）。

关键能力

高效的人才发展专业人士需要具备以下技能：

- 协调与规划会议相关的后勤任务。

- 对潜在活动的影响、风险、可行性和后果进行评估并设定优先级。

- 开发项目计划和日程表，包括整合的资源、具体任务与时间表。

- 为应对目标、标准、资源和时间的预期变化，调整工作流程和结果输出。

- 为达成目的、目标和里程碑，建立、监控和沟通流程。

｜ 合规与道德行为

合规与道德行为是指我们希望人才发展专业人士正直行事，并遵守其工作和生活的管辖法律。人才发展专业人士还需要了解并遵守与内容创作、可访问规则、人力资源、就业和公共政策相关的法律法规。

关键知识领域

人才发展专业人士在该领域需要的知识如下：

- 与信息访问和使用相关的法律、法规及道德问题（如智力资本、个人身份信息和客户数据）。

- 与教学内容开发相关的法律、法规及道德问题（如知识产权、版权法律、可访问性需求）。

- 与人力资源和人才发展相关的法律、法规及道德问题（如劳动法、可访问性、劳动关系）。

- 与永久、临时或分散的劳动力有关的法律、法规及道德问题。

- 区域性或特定市场的教育和劳工的公共政策。

关键能力

高效的人才发展专业人士需要具备以下技能：

- 诚信行为（例如，诚实地承认自己的错误，尊重他人，公平地对待他人）。

- 建立、维护和执行自我与他人的诚信道德行为的标准。

｜ 终身学习

终身学习有时称为持续学习、灵活学习或学习动力。其特点是自我激励、永不满足的好奇心和理智的冒险精神。人才发展专业人士应以个人和职业发展的理由追求知识，为终身学习的价值树立榜样。掌握自己职业发展的自主权，向他人表明他们也可以而且应该这么做。

关键知识领域

人才发展专业人士在该领域需要的知识如下：

- 渴望学习，以持续引导知识和技能的开发与拓展。
- 职业探索以及自我和他人的终身学习的相关资源。

关键能力

高效的人才发展专业人士需要具备以下技能：

- 通过参加专业发展相关活动获取新知识（如参加专业会议、自主阅读和跟踪行业趋势）。
- 开发、维护和利用组织内外部的专家网络（如有影响力的人、学习和绩效专家）。

专业发展能力

这一实践领域体现了人才发展专业人士应具备的知识和技能，以便在开发工作流程、系统和框架，促进学习，最大化个人绩效，开发员工能力与潜能方面有效发挥其作用。

| 学习科学

实施高效学习项目的组织遵循了学习科学的重要原则。学习科学是一个以研究为基础的跨学科领域，旨在促进对学习、学习创新和教学方法的了解。采用最佳实践的人才发展专业人士了解并应用基础学习理论、成人学习理论和认知科学，来设计、开发和实施能最大程度地改善结果的解决方案。

关键知识领域

人才发展专业人士在该领域需要的知识如下：

- 基本行为主义、认知主义和建构主义的学习理论。

- 与学习相关的认知科学的原理与应用（如听觉和视觉加工、存储和检索信息、记忆和认知负荷）。
- 成人学习理论和模型（如诺尔斯的成人学习理论、布鲁姆分类法、加涅的九个学习层次理论、梅杰斯的参照标准的教学方法、社会化和协作学习、体验式学习）。
- 沟通理论和模型以及它们与学习的相关性。

关键能力

高效的人才发展专业人士运用认知科学和成人学习理论来设计解决方案，以最大化学习和行为的成果（如增强动机和提高知识保有率）。

｜ 教学设计

教学设计是有效学习活动的本质要素。学习体验的创建和教材有助于学员获取和应用相关知识与技能。人才发展专业人士遵循一套含有需求评估、过程设计、材料开发和效果评估的体系。教学设计需要分析和选择最适合的策略、方法与技术，实现学习体验和知识转移的最大化。

关键知识领域

人才发展专业人士在该领域需要的知识如下：

- 教学设计模型和流程（如 ADDIE 和 SAM）。

- 需求评估的方法和技巧。

- 教学模式（如课堂学习、混合式学习、大规模网络公开课、慕课、游戏化学习、多媒体和移动学习、虚拟现实模拟）。

- 定义学习和行为成果描述的方法与技巧。

- 针对期望的学习或行为成果，评估教学内容质量和相关性的标准。

- 规划设计和开发教学内容的方法与技巧。

- 教学方法和技巧的类型与应用（如讨论、自主学习、角色扮演、讲座、行动学习、演示和练习）。

- 设计思维和快速原型设计在学习与人才发展解决方案开发中的应用。

- 影响或支持个人和群体发展的正式与非正式学习体验。

-------------- • 思想领袖的观点 • --------------

人才发展领域的思潮已经发生了改变。现在我们以终为始——组织想要达到什么目标，以及为了这个目标我们需要开展哪些工作。

——詹妮弗·马丁诺
创新领导力中心研究、评估和社会促进的高级副总裁

关键能力

高效的人才发展专业人士需要具备以下技能：

- 开发学习和行为成果描述。
- 学习和发展解决方案的设计蓝图、概要与其他可视化呈现（如线框图、故事板和小样）。
- 从主题专家那里获得知识和信息，以支持和提升学习。
- 为达成期望的学习或行为成果，根据培训和学习活动选择与调整交付方式及媒体。
- 设计和开发学习资产（如角色扮演、自我评估、培训手册、工作辅助、可视化辅助）以获得期望的学习或行为成果。

｜ 培训交付与引导

通过培训交付与引导，人才发展专业人士可以帮助个人通过学习新技能和知识，提高工作业绩。实施人员的工作是对学习进行分析，了解学员需求，营造合适的学习环境，与学员建立融洽关系，并利用恰当的学习交付方式和学习方法，让学习变得更富有吸引力、有效、相关且广泛适用。

关键知识领域

人才发展专业人士在该领域需要掌握与引导方法和技巧相关的知识。

关键能力

高效的人才发展专业人士需要具备以下技能：

- 协调和规划会议与学习活动相关的后勤任务。
- 在面对面或虚拟环境中开展引导会议或学习活动。
- 营造积极的学习氛围和环境。
- 为达成期望的学习或行为成果，根据培训和学习活动选择与调整交付方式及媒体。
- 使用多种交付方式和媒体来交付培训（如移动或多媒体设备、在线、课堂）。
- 设计和开发学习资产（如角色扮演、自我评估、培训手册、工作辅助、可视化辅助），以获得期望的学习或行为成果。

｜ 技术应用

技术带来的颠覆作用一直是组织和人才发展职能部门面临的一大现实。人才发展专业人士必须具备识别、选择和实施正确的学习与人才开发技术，为组织及其人员谋取最大利益的能力。实施人员应该能够识别相应机会，在正确的时间采用正确的技术，达成组织的目标。

关键知识领域

人才发展专业人士在该领域需要的知识如下：

- 评估和选择电子学习软件与工具的标准及技巧。
- 测试学习技术和支持系统可用性与功能性的方法及技巧。
- 现有学习技术和支持系统（如协作学习软件、学习管理系统、创作工具和社交媒体）。
- 人力资源系统和技术平台，以及它们如何与其他组织和业务系统及流程集成。
- 通信技术及其应用（如视频会议、网络会议、学员应答系统和演示软件）。
- 用户界面设计的原则。
- 可用于支持学习和人才发展解决方案的技术的功能、特点、局限性与实际应用。
- 利用社交媒体平台和工具支持知识共享、交流想法与学习的技术及方法。
- 符合道德和毫无偏见的人工智能、机器学习算法、增强现实技术与混合现实技术。

关键能力

高效的人才发展专业人士需要具备以下技能：

* 选择、整合、管理和维护学习平台（如学习管理系统、知识管理系统和绩效管理系统）。

* 识别、定义、阐明技术系统需求，以支持学习和人才发展的解决方案。

* 识别、选择和实施学习技术（例如，在教学环境中使用评价标准并确定合适的应用程序）。

* 发展符合道德和毫无偏见的人工智能、机器学习算法、增强现实技术与混合现实技术。

* 使用电子学习软件和工具。

* 使用人力资源技术系统存储、检索和加工人才及与人才发展相关的信息。

｜ 知识管理

在知识经济中，教学知识的缺失会给组织带来高昂的人员流失、招聘和培训成本。知识管理是指明确、系统化地管理智力资本和组织知识，以及创建、收集、验证、分类、归档、传播、利用和使用智力资本对组织及其人员进行改进提高的相关过程。

关键知识领域

人才发展专业人士在该领域需要的知识如下：

- 知识管理的原则（如概念化、管理、维护或保有组织知识）。
- 萃取和编纂知识的方法与技巧（如讲故事、数据挖掘、认知地图、决策树或知识分类）。
- 跨个人、团队和组织传播与共享知识的方法及技巧。

关键能力

高效的人才发展专业人士需要具备以下技能：

- 设计和实施知识管理战略。
- 识别来自各类渠道（如数据库、平面媒体和网络媒体、演讲和演示、观察）的信息的质量、真实性、准确性、公正性和相关性。
- 组织和综合来自各类渠道的信息（如数据库、平面媒体和网络媒体、演讲和演示、观察）。
- 策划教学内容、工具和资源（如研究、评估、选择或组合可用的在线课件）。
- 识别所需的信息类型和数量以支持人才发展活动。
- 开发、管理、引导或支持知识网络和实践社区。

｜ 职业与领导力发展

在组织内营造职业发展文化会变成一种竞争性优势。要有效地促进职业与领导力发展，就需要建立组织与员工进行计划性互动的流程，具备让员工在组织内不断成长的能力。在开发测评、项目和制定路径来提升组织内员工的能力时，重要的是，了解组织当前和未来需要的特定技能与能力。

关键知识领域

人才发展专业人士在该领域需要的知识如下：

- 如何开发和实施认证项目。
- 职业发展的方法和技巧（如轮岗和拓展任务）。
- 职业模型和路径（如垂直、水平、基于项目和矩阵）。
- 领导力发展实践和技巧（如正式培训项目、轮岗、教练或辅导）。

关键能力

高效的人才发展专业人士需要具备以下技能：

- 开发、管理和解读智力、天赋、潜力、技能、能力或利益的评估结果。
- 引导职业发展规划过程（例如，帮助员工识别需求和职业目标，并准备发展计划）。

- 在各个职业阶段开设个人和团体职业规划课程以提供指导（如入职培训和工作变动培训）。
- 采购、设计、构建和评估领导力开发经验。

教练

教练是一种训练和实践活动，也是任何人才发展专业人士需要拥有的一项关键能力。其作用是激励学员实现突破，提高个人、团队和组织绩效。教练是一个互动的过程，可以帮助个人更快地发展到所期望的未来状态，产生结果，设定目标，采取行动，做出更好决定，并充分利用其自身优势。教练需要全面倾听，提出有力的问题，加强对话，然后制订行动计划。

关键知识领域

人才发展专业人士在该领域需要的知识如下：

- 组织教练方法。
- 评估教练有效性的方法和技巧。
- 与教练有关的职业标准和道德准则。

关键能力

高效的人才发展专业人士需要具备以下技能：

- 帮助个人或团队识别目标，制订现实可行的行动计划，寻求发展机遇，进行过程监测并采取问责制。
- 为了支持员工发展，采用教练的方式和方法辅导主管和经理。
- 创建有效的教练契约。
- 营造并培养与教练对象相互尊重和信任的环境。
- 为员工招募、培训和匹配教练或导师。

| 效果评估

人才发展项目的效果评估与学习和业务成果的有效性相关。人才发展专业人士应该能够采取多层次的系统性方法，收集、分析和报告有关学习项目活动与业务有效性的信息。收集有关业务战略和目标的信息有助于做出决定，改进学习项目，与高级管理层和业务利益相关者一起提升学习的价值定位。

关键知识领域

人才发展专业人士在该领域需要的知识如下：

- 评估学习和人才发展解决方案效果的模型与方法。
- 定性和定量数据收集方法、技巧与工具（如观察、访谈、焦点小组、调查问卷或评测）。

- 研究设计方法和类型（如实验、相关描述、综合分析、纵向、横向）。

关键能力

高效的人才发展专业人士需要具备以下技能：

- 创建数据收集工具（如调查问卷、调查和结构化访谈）。
- 选择或设计组织性研究（例如，定义研究问题，建立假设，并选择方法）。
- 基于解决方案的评估策略或业务目标，识别和定义个人或组织成果指标。

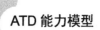

组织影响能力

这一实践领域体现了人才发展专业人士所需的知识、技能和能力，以确保人才发展成为推动组织绩效、生产力和运营成果的主要机制。

业务洞察力

为了给组织带来最大价值，人才发展专业人士应了解组织的经营原则以及所从事的具体业务或组织状况。业务洞察力是指了解影响一个组织的主要因素，如组织现状、行业或市场对组织的影响，以及影响其增长的因素。此外，还包括了解一个组织如何实现其使命或宗旨，赚钱和花钱，做出决策及其内部工作流程和结构。拥有业务洞察力对战略性参与高层管理、确保人才发展战略与总体业务战略保持一致至关重要。

关键知识领域

人才发展专业人士在该领域需要的知识如下：

- 业务或组织流程、运营和输出（如治理结构、商业模式、产品和服务）。
- 商业战略和影响组织在行业中的竞争地位的因素。
- 组织如何提供客户服务（例如，预测和评估需求，满足服务质量标准，评估客户满意度）。
- 人才发展如何助力于组织竞争优势。
- 财务管理原则（如定价、合同、预算、会计、预测和报告）。

━━━━━━━━━●思想领袖的观点●━━━━━━━━━

　　一个真正的人才发展从业人士在达成解决方案之前都会询问业务问题，并进行批判性和分析性的思考，从而产生解决问题的思路和方向。

——帕蒂·菲利普斯
ROI 研究所首席执行官

关键能力

高效的人才发展专业人士需要具备以下技能：

- 管理预算和资源。
- 针对人才发展计划，运用经济、金融和组织数据创建商业案例。

- 沟通商业和财务信息，以使不同的受众使用适当的术语和相关案例。

｜ 咨询与业务合作

人才发展专业人士应以成为有价值的业务合作伙伴为目标。咨询与业务合作利用专业知识、影响力和个人能力建立双向关系，促进组织做出改变或改进。所咨询与合作的客户可能来自内部或外部。成功的咨询与业务合作需要具备以下能力：需求评估、数据分析、沟通交流、系统思考、问题解决、谈判、引导和教练。

关键知识领域

人才发展专业人士在该领域需要的知识如下：

- 需求评估的方法和技巧。
- 寻找、建立或管理伙伴关系的方法和标准（如客户、供应商、大学和协会成员）。

关键能力

高效的人才发展专业人士需要具备以下技能：

- 建立和管理组织或业务合作与关系。

- 与组织内的业务部门合作，并为部门或组织人才需求提供指导。

- 为保持组织或业务关系，持续管理利益相关者。

- 为获得承诺、支持和利益相关者的认同，综合信息以制定建议或一系列行动。

- 为获得承诺、支持和利益相关者的认同，转化建议或一系列行动。

- 识别、减少和克服组织障碍，以实施人才发展解决方案或战略。

| 组织发展与文化

若要保持相关性，组织就必须不断发展其能力。组织发展的重点在于通过协调战略、架构、管理流程、人员、奖励和绩效指标，提高一个组织的能力。组织文化包括有助于一个组织形成社会及心理环境的价值观和行为。了解一个组织的文化、行为规范、正式和非正式关系、权力动态与层次结构，可以为制订系统、结构和流程发展计划提供参考信息，以提高组织效率。

关键知识领域

人才发展专业人士在该领域需要的知识如下：

- 组织发展的概念（如组织设计、工作设计、团队的形成、文化规范和文化转变）。
- 与社会、组织和信息系统的设计、交互及运营相关的理论和框架（如系统思考、开放系统理论、混沌和复杂性理论、网络理论和行动研究）。
- 组织管理的原则（如劳动分工、权利和责任、公平、秩序和统一）。
- 组织内的工作角色、关系和汇报结构。
- 影响组织成果的员工敬业度和留用率。
- 与组织行为计划和设计相关的原则、政策与实践（如储备、工作环境、危害、目标设定、工作稳定和自治）。
- 构建、支持和促进以人才与学习作为竞争优势驱动力的组织文化的策略及技巧。

关键能力

高效的人才发展专业人士需要具备以下技能：

- 设计和实现组织发展战略。
- 确定组织内的正式和非正式关系、等级结构与权力分配。

- 营造鼓励并为个人和团体之间的对话与反馈创造机会的
  文化（例如，设计协同的工作实践和空间，利用角色扮
  演来练习有效反馈技巧）。
- 评测和评估员工敬业度。
- 设计和实施员工敬业度战略。
- 阐明并编纂人才和领导力原则、价值观和能力，以指导
  组织的文化及定义期望的行为。

｜ 人才战略与管理

为使组织实现其潜能，应将人才发展和人才战略与管理的
所有组成部分整合起来。人才战略与管理的作用是通过实施和
整合人才招聘、员工发展、留任和调任流程，培养组织文化、
敬业度和能力，确保这些流程与组织目标一致。根据组织背景
和结构，需要与人力资源部和直线领导建立广泛的合作伙伴关
系。

关键知识领域

人才发展专业人士在该领域需要的知识如下：

- 人才管理职能（如劳动力计划、员工发展、绩效管理、
  薪酬和奖励）。

- 继任计划和人才盘点流程（如评估、情景规划、人才流动和关键角色识别）。

- 识别关键任务、工作和角色需求的方法（如工作分析、胜任力建模和领导力开发）。

- 人才收购战略和概念（如人才流动、雇主品牌、被动和主动招聘、在岗培训）。

- 识别和开发高潜人才的方法。

关键能力

高效的人才发展专业人士需要具备以下技能：

- 根据组织、商业愿景和战略创建并调整人才发展愿景与战略。

- 为积极地影响组织成果，开发符合组织战略的人才战略。

- 设计和实施针对人才发展项目、计划和职能的战略计划。

- 识别影响人才发展计划的预期约束或问题（如资源不足或缺乏支持）。

- 建立和执行营销战略以促进人才发展。

- 设计和实施沟通战略以驱动人才管理目标。

- 沟通人才发展战略和解决方案如何支持业务目标的实现与组织结果的达成。

- 沟通学习和专业发展的价值。

- 比较和评估人才发展战略的优点与缺点（如发展内部员工和招聘外部人才）。
- 阐明现在和未来的人才与技能需求，以开发劳动力计划。
- 设计和实施绩效管理战略。

｜ 绩效改进

提高人员绩效有助于推动组织竞争力。绩效改进是一种系统性的方法，它通过发现和消除人员绩效差距来实现组织目标。这是一种以结果为导向的活动，实施人员需要具有分析绩效问题根本原因、制订人员绩效改进计划，以及设计和制定解决方案以消除绩效差距的能力。

关键知识领域

人才发展专业人士在该领域需要的知识如下：

- 人员绩效改进的理论、模型和原则。
- 绩效分析方法和技巧（如业务流程分析、绩效差距评估和根因分析）。
- 人类如何与工作环境、工具、设备和技术进行交互，以影响个人和组织绩效。

关键能力

高效的人才发展专业人士需要具备以下技能：

- 实施绩效分析以确定目标、差距或机会。
- 为缩小绩效差距，设计和开发绩效改进解决方案。
- 设计和实施绩效支持系统与工具（如教学资源、数据、流程模型、工作辅助和专家建议）。
- 为提高人员绩效实施系统分析（例如，确定组织如何学习、缩小知识或技能差距，以及处理人为因素）。

变革管理

人才发展专业人士的位置有利于推动变革，因为其工作就是连接人员、流程和工作。变革管理是指利用结构化的方法促使个人、团队和组织从当前状态转变为未来状态，从而在组织内推动变革的能力。一旦开始，在不确定性、相关反应以及相关方指导的影响下，变革就会沿着非线性路径进行。为实现理想的结果，实施人员应了解和实施一些可以对变革中的人员进行管理的工具、资源、流程、技能和原则。研究表明，大多数公司无法很好地管理变革，这使变革管理能力成为人才发展专业人士区别于其他专业人士的一个因素。

─────── • 思想领袖的观点 • ───────

> 　　我们需要帮助组织决定，他们想从所经历的变革努力中得到什么结果。
>
> ──比尔·罗斯威尔
> 罗斯威尔联合会总裁

关键知识领域

人才发展专业人士在该领域需要的知识如下：

- 变革如何影响人和组织。
- 变革管理理论和模型（如勒温、科特和布里杰的变革模型，库伯勒-罗斯变革曲线和欣赏式探询）。

关键能力

高效的人才发展专业人士需要具备以下技能：

- 评估风险、阻力和后果以定义变革管理方法。
- 设计和实施组织变革战略。

┃　数据与分析

数据与分析是提高组织绩效的重要推动因素，同时也是人才发展的推动因素。这涉及实时收集、分析和使用海量数据集来影响学习、绩效与业务的能力。从与人才相关的数据和分析中发现有意义的洞见，包括员工绩效、留任、敬业度和学习，使人才发展职能部门可以作为实现组织目标的战略合作伙伴。

关键知识领域

人才发展专业人士在该领域需要的知识如下：

- 分析的原理和应用（如大数据、预测建模、数据挖掘、机器学习和商业智能）。
- 数据可视化，包括原则、方法、类型和应用（如纹理和颜色映射、数据呈现、图表和词云）。
- 统计理论和方法，包括计算、解释和统计数据的报告。

关键能力

高效的人才发展专业人士需要具备以下技能：

- 明确利益相关者的需要、目的、要求、问题、目标，以便为数据分析开发框架和计划。
- 通过逻辑和实际可行的方法来收集与组织内外部数据，以便支持检索和相关操作。
- 分析和解释数据分析的结果，以识别各变量之间的模式、趋势和关系。

- 选择或使用数据可视化技巧（如流程图、图表、词云和热图）。

未来准备度

根据变革的节奏，劳动者需要不断提升原有技能的层次和深度，以及新技能的获得。要想做好准备，就需要具有求知欲，并不断审视周围环境，以便跟得上塑造商业世界、员工及其期望和人才发展专业的新兴力量。为了做好满足未来学员需求的准备，就需要密切关注新出现的趋势和技术。因此需要致力于不断推动专业发展，确保有能力应对未来几年工作方式的变化。营造促进创新和创造性工作的良好环境，帮助组织采取以未来为导向的定位。

关键知识领域

人才发展专业人士在该领域需要的知识如下：

- 影响人才发展的内外部因素（如组织和商业战略、可获得的劳动力、其他行业的发展、社会的趋势与技术进步）。
- 促进、支持和产生创新与创造力（如设计思维、头脑风暴和构想）。
- 新兴学习技术和支持系统（如协作学习软件、学习管理系统、创作工具和社交媒体）。

- 信息收集战略和技巧。

─────── • 思想领袖的观点 • ───────

通过学习超越竞争对手的公司就是赢家。我们必须非常擅长将能力转变为新的绩效。

——罗伯特·布林克霍夫
西密歇根大学教授

关键能力

高效的人才发展专业人士需要具备以下技能：

- 实施环境扫描，以识别当前和新兴的经济、立法、竞争与技术趋势。
- 应用自己以前所学以面对未来。

第 **4** 章

应用 ATD 能力模型

胜任力和能力模型对个人与组织规划来说是非常有用的工具，因为它们超越了工作描述和工作分析方法中传达的"人们可以做什么"的表层信息，并且传达了与组织目标和策略相联系的个人完成任务所需要具备的特定知识及技能（Campion 等，2011）。这种特殊性使个人和组织能够采取更有针对性的方法来确定技能差距，并确定达到熟练程度的有效途径。

通过 40 多年的胜任力研究，ATD 一直致力于为全球的学习和人才发展专业人士定义实践标准。2004 年题为"描绘未来：新工作场所的学习和绩效胜任力"研究不仅是一个里程碑，定义了专业人士在实际工作中对组织绩效产生的战略性贡献，而且创建了专业发展的生态系统和认证产品，包括自我评估工具、认证课程、资源指南和专业认证。ATD 认证协会在 2006 年推出了第一个认证，作为验证专业能力熟练程度的有效手段。

通过整合技术进步、社交媒体应用的出现和日益全球化等新的实际情况，2013 年的胜任力模型推进了这一使命，为整个培训和发展行业提供了一套明确定义的必备知识、技能、能力和行为。ATD 继续使用该模型来规划专业发展和认证，以帮助从业者解决知识和技能差距，并参照标准来展现熟练程度。该模型还为全球专业人士社群提供了如何将学习、发展和绩效与工作场所的战略成果联系起来的指导。从跨国公司、各种规模

的企业、学术机构、公共部门机构、咨询公司到人才发展行业
供应商和各地的 ATD 分会，无数的实体机构已经利用过去的模
型作为衡量卓越的对标参照。

ATD 能力模型：后续

ATD 能力模型，以及它基于的 2019 年 ATD 胜任力研究，首次记录并编制了人才发展的绩效和质量标准，即如今已为人所知的专业名称。它建立在过去研究的基础上，对整个专业人士进行了全面的职业研究，而不是仅针对特定的工作或角色。然而，2019 年的研究还设定了一个额外的目标：定义人才发展并确定该领域从业人员对个人和组织成果的影响力的归属与范围。该研究的另一个期望结果是，找到组织领导者能够使用该模型来规划和设计人才发展部门或职能的方法。

● 思想领袖的观点 ●

作为人才发展人士，我们需要营造一种具备包容性和生产力的组织文化。人才发展还涉及培养、激励和奖励人才，以确保他们留在我们身边。

——杰克·菲利普斯
ROI 研究所主席

由此产生的 ATD 能力模型定义了人才发展专业人士在当今全球工作环境以及不久的将来要在工作中取得成功所需要知道和能够做到的事情。它展示了人才发展如何成为驱动绩效、生产力和卓越运营的主要机制，并展示了人才发展如何补充或增强传统人力资源职能领域，并为人才发展设定标准。模型可用于：

- 建立交流专业性的共同语言和一致的方式。

- 为探索职业或专业发展，表达专业范围。

- 为组织领导者和更多的员工群体展示人才发展的价值。

- 针对熟练程度标准来评估当前知识和技能。

- 为解决知识和技能的差距，支持创建专业发展计划。

- 建立专业认证的基础。

- 协助设计和构建人才发展工作、部门与职能。

- 指导人才发展人员的评估和发展。

- 为主管经理、主题专家和其他负责发展或教育他人的非专业从业人士提供所需人才发展能力的相关见解。

实践价值

定义卓越标准的模型，能够通过赋能专业人士来提升他们的技能，并使组织能够从战略上将学习和人才发展机会与业务成果取得协调一致，从而帮助引领行业。然而，能力模型的真正用途在于它的应用。从业者和组织必须投资于构建技能机会，量化人才发展的重要性和影响，并提高他们在组织中的可信度。

在广泛的战略需求下，人才发展是对其他组织职能的补充，以帮助从业者实现企业的战略目标。通过直接参与执行（如培训、绩效提升和职业发展），人才发展显然具有特定的职能，但它也影响更广泛的人才管理和人力资源生态系统（如人才获取、选拔、继任计划、敬业度和绩效管理）。重要的是，人才发展专业人士要将他们的工作——以 ATD 能力模型中概括的领域和能力为基础——支撑他们的组织或客户组织中的人力资源系统。

 如何应用模型

ATD 能力模型可以被不同的利益相关者以不同的方式来应用。个人可以利用这个模型来探索工作或职业发展，或者帮助准备专业认证。从事人才发展专业教育的学术机构、专业团体和其他机构可以使用这个模型对他们的课程进行评估与调整。人才发展管理者和领导者可以利用这个模型来确定他们需要担任的角色，以及他们的员工需要具备的技能。每个利益相关者在如何使用模型方面都有不同的需求。

个人应用

—————•思想领袖的观点•—————

　　我认为，真正的人才发展从业人士应该了解认知科学以及员工学习所需的知识。

——伊莱恩·碧柯
ebb associates inc.总裁

73

可以从多种角度成为人才发展专业人士，他们原先可能是：

- 尚未从事该行业，但在教育他人方面已有一些知识或经验。

- 目前正在担任相关的人才发展角色，并希望进一步掌握该工作职能。

- 希望扩大其在人才发展中的职责范围或扩展到新角色。

- 作为其角色的一部分可以支持更多的人才发展职能。

- 处于非人才发展角色，但除了核心职责，偶尔还会承担人才发展职能的工作。

无论一个人的具体工作角色或背景如何，通过回答这个问题，该模型都可以成为其发展和职业规划的强大资源："为了获得成功，我需要知道什么，需要做些什么？"通过概述能力领域和关键知识与技能要求，该模型提出了该行业的所有组成部分，并使专业人员可以根据这些组成部分进行评估，以找出差距。

该模型的一个潜在应用是确定一种、几种或每种能力的熟练程度。例如，个人可以使用表 4-1 的自我评测样本来衡量他们在学习科学能力方面的熟练程度。以自己的专业知识为动力，个人可以向多个方向发展，包括学习和技能发展、职业规划和职业资格认证。

表4-1 学习科学能力自我评估样本

通过标记你在每个关键知识领域和学习科学能力方面的熟练程度来填写表格。

"不适用"表示知识领域或能力不适用。"不太熟练"表示你对该领域的知识或技能几乎没有。"有限"表示知识或技能不完整。"基础"意味着你可以在该领域可靠地应用知识或绩效技能。"先进"意味着你可以在该领域中深入应用知识和技能,并且可以领导或指导其他人应用知识或运用技能。"精通"表示你可以全面运用专业知识,并在执行该技能方面向他人提供咨询或领导。

学习科学能力						
关键知识领域	不适用	不太熟练	有限	基础	先进	精通
沟通理论和模型以及它们如何与学习相关						
与学习相关的认知科学的原理和应用（例如，听觉和视觉处理，存储和检索信息，记忆和认知负荷）						
成人学习理论和模型（如诺尔斯的成人学习理论、布鲁姆分类法、加涅的九个学习层次理论、梅杰斯的标准参照的教学方法、社会化和协作学习、体验式学习）						
行为主义、认知主义和建构主义的基础学习理论						

续表

学习科学能力						
关键能力	不适用	不太熟练	有限	基础	先进	精通
运用认知科学和成人学习理论来设计解决方案，以最大化学习和行为的成果（如增强动机和提高知识保有率）						

学习和技能发展

一旦个人认识到他们的知识和技能的差距，他们就可以将这些差距对应到能帮助消除这些差距的特定培训和教育产品上。许多专业人士发现，建立一个可随时间不断跟进的专业发展行动计划是很有用的。个人可以咨询他们的主管，来帮助其选择那些与组织的优先级最紧密结合的个人发展需求相关的培训教育。这些行动计划通常来源于个人发展计划（IDP）的制订。有些组织甚至把教育和专业发展活动同绩效考核流程联系起来。了解绩效的对比标准可能有助于提高个人在专业发展活动中的动机和忠诚度（Lasse，2015）。

职业规划

自我评测还可以帮助专业人士揭示其职业生涯如何演变，以及他们未来可能想从事什么工作。无论他已经在人才发展领

域或正在努力进入该领域，该模型都说明了该专业领域的所有
范围和可选择的某些专业或重点领域，以及将自己关注的重点
领域拓展到更有战略意义的活动，最终推动组织成果。个人可
以使用模型在广义范围内或在现有组织中进行工作研究或评估
已有的工作职能类型。例如：

- 擅长某特定能力的内部从业者，如培训交付或教学设计。
- 人才发展行业的咨询师或供应商。
- 具有人才发展职能的管理者或领导者。
- 在各个人才发展职能中承担多面手角色的专业人士。

专业认证

该模型为 ATD 认证机构的人才发展认证产品提供了基础。
模型中的 23 种能力是测试候选者的标准，以确定他们所必需的
知识和技能的熟练程度。ATD CI 目前为人才发展专业人士提供
两种专业证书。访问 td.org/Certification 可以了解更多信息。

但是请注意，该模型并不是为一种全能适用方法而设计的，
很少有人能够掌握它的每个要素。因此，讨论如何将模型应用
于特定的情境和目标是很有用的。个人可能想问自己：

- 当前角色我需要掌握哪些技能？
- 成功进行角色转变，我需要掌握哪些技能？

- 跟随组织的发展，我需要掌握哪些技能？

- 跟随行业的发展，我需要掌握哪些技能？

- 为了未来，我想要从事什么工作？

- 为了实现职业理想，我需要掌握哪些技能和获得哪些认证？

    人才发展专业人士可以使用表 4-2 来帮助他们利用模型的领域和能力建立自己专业发展的优先级。

表 4-2　ATD 能力模型的优先级地图

领域和能力	现在或未来（选择其中一种或两种）		在每种能力中创建你的知识和技能的重要性				
	现在	未来	0 不适用	1 一点也 不重要	2 有些 重要	3 重要	4 非常 重要
个人提升能力							
沟通							
情绪智力与决策							
协作与领导力							
文化意识与包容							
项目管理							
合规与道德行为							
终身学习							
专业发展能力							
学习科学							

续表

领域和能力	现在或未来（选择其中一种或两种）		在每种能力中创建你的知识和技能的重要性				
	现在	未来	0 不适用	1 一点也不重要	2 有些重要	3 重要	4 非常重要
教学设计							
培训交付与引导							
技术应用							
知识管理							
职业与领导力发展							
教练							
效果评估							
组织影响能力							
业务洞察力							
咨询与业务合作							
组织发展与文化							
人才战略与管理							
绩效改进							
变革管理							
数据与分析							
未来准备度							

　　作为广泛而多样的人才发展领域内生的可定制方法的一部分，ATD 创建了一个交互式且可定制的能力模型版本（可以通

过 TD.org 访问该版本）。使用这个交互式能力模型来确定你当前角色所需的能力、知识或技能差距，以及你对未来的设想。

一旦确定了所需的能力、已具备的能力和需要构建的能力，你就可以为自己创建学习和发展计划。交互式能力模型将为你链接教育课程、出版物以及其他 ATD 工具和资源，以帮助你缩小差距。多种可用资源可以帮你找到适合的内容，匹配你的学习偏好、可用时间和预算。与你的主管、教练、导师或其他知识渊博的人分享你的计划，他们可以在你的发展旅程中支持和激励你，以扩展你的能力。

使用 ATD 能力模型最重要的方面是，持续使用它来提升你的技能并跟上专业变化的步伐。

———— • 思想领袖的观点 • ————

人们都是创新者，创新是竞争优势的关键。人才发展是通过提供人们所需的技能来建立人们创新能力的关键。

———比尔·罗斯威尔
罗斯威尔联合会总裁

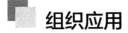 ## 组织应用

ATD 能力模型具有灵活性和适应性，使各种类型组织能够实施它以发展他们的团队。组织已经认识到，人才短缺而需求却在增加；工作速度、期望和复杂性都在增加；人们在一家公司待的时间越来越短，他们可能会把工作岗位视为跳板，而不是事业。与此同时，企业也在根据不断变化的商业模式和新兴技术进行重组。事实上，技术可能是推动和促成工作方式、从业者对雇主的期望以及组织如何获得竞争优势等方面改变的最大因素之一。拥有一个高技能的人才发展团队可以帮助组织迎接未来的挑战。

能力模型可能是一个有用的框架，它适用于多个级别的领导者——从人才发展团队的管理者、高级人才领导者到高级管理人员，因为它提供了组织中人才发展所涉及的各种职能的见解。它还阐明了担负这些职能的专业人士如何通过他们的工作为组织增加重要的价值，促进学习，提高绩效，并通过变化支持组织。

通过展示人才发展和组织绩效之间的联系，领导者可以使用能力模型来支持关于提升人才发展团队技能的价值讨论（见表 4-3）。当人才发展专业人士专注于组织的未来需求，并成为制定该战略的合作伙伴时，学员和组织都是赢家。提升这些从业者的敬业度将为组织获得长期收益。

表 4-3　跨组织技能发展的沟通要点

利益相关者	收　　益	潜在沟通要点
总监	• 业务敏捷 • 竞争力 • 投资回报率	• 在组织内找出那些在你确认的技能差距项上精通度较高的竞争对手或市场领导者。 • 与运营负责人联系，如果企业未能解决技能差距，你离交付成果还有多远；与领导分享这些信息。 • 通过调查员工技能再造或技能提升和从外部聘用员工的成本,确定学习计划的投资回报率
人才发展和人力资源领导者	• 员工敬业度 • 保留率	• 与人力资源部门合作，了解有多少员工因为职业发展缓慢而离职；然后假设，如果有一个战略性的技能提升计划，会挽留多少员工。 • 支持业务案例，审查敬业度数据，以获得员工更多成长机会的任何指标(评价和调查数据是一个很好的开始)
管理者	• 个人绩效 • 团队绩效	• 与一组管理者一起工作，了解他们对团队成员的技能有多大程度的了解，以及他们在哪些方面没有达到已确定的目标。

续表

利益相关者	收　益	潜在沟通要点
管理者		• 分享人才发展团队确定的技能差距框架，来获取管理者的相关反馈信息；这使管理者成为解决方案的一部分，特别是在需要教练或其他高度个性化培训的情况下
员工	• 工作成长 • 职业发展	• 召集一个由员工组成的焦点小组，以获取他们对市场的了解，联系到与竞争对手以及他们看到的任何个人或工作的技能差距 • 使用技能差距框架来确定某些类型的员工可以在哪些地方迅速缩小差距并提高他们的能力

能力模型还可以作为一个模板，向人才发展管理者和领导者展示现在和未来获得成功的样子。它可以用来设定绩效预期，激励员工扩展和提高他们的技能以符合这些绩效预期，从而提高专业人士在商业领袖中的形象和信誉。2019 的模型整合了个人、专业和组织的影响能力，特别适合向组织传达人才发展职能的战略价值。

组织管理者和领导者使用模型的具体方法包括：

• 对标。该模型反映了当前和正在出现的一些专业实践，让领导者有机会评估角色、资源和优先级，以确保与实践标准保持一致。

• 工作和组织设计。管理者和领导者可以使用这个模型来定义人才发展部门需要哪些角色，以及这一职能如何与组织其他部门相整合。

- 学习和发展规划。管理者和领导者可以利用模型中每个能力的关键知识和技能领域来评估人才发展员工的当前技能水平，并引导个人发展计划的发展以消除差距。他们也可以使用该模型来创建内部培训和认证课程，或者推荐市场上可用的适合的学习解决方案。

- 绩效管理。关键知识和技能领域为建立清晰的术语和期望提供细分层级，这些术语和期望可以作为人才发展员工绩效评估、发展规划、教练和反馈的基础。

- 职业和继任计划。员工可以使用该模型进行自我评测，了解当前的能力熟练程度和对其他职位的要求。管理者可以通过建议具体的发展活动来帮助员工为未来的角色做好准备，从而帮助晋升渠道。

- 选拔和推广。管理者和领导者可以调整该模型，以创建选拔标准，并在基于能力的面试中提供帮助，以改善招聘和配备最合格的人员。

｜ 团队行动计划

团队评测可以用来在团队或部门中决定从哪里开始应用模型。ATD 2018 年的《弥合技能差距》白皮书确定了一个有用的六步流程：

1. 明确并理解你的组织的战略和绩效指标。

2. 确定与战略和绩效指标相对应的技能及能力。

3. 评估团队中每个人的知识和技能差距。

4. 制订一个计划来弥补这些差距。

5. 实施解决方案。

6. 评估和沟通影响。

──────────── • 思想领袖的观点 • ────────────

　　就组织而言，人才发展思考的是学习文化和策略；就个人而言，它是关于针对组织中个人的特定知识和技能发展。

──凯瑟琳·隆巴多兹
Learning 4 Learning Professionals 创始人

┃　组织使用的定制化模型

一旦进行了团队测评，人才发展管理者就想要完全定制

ATD 能力模型，以便更好地将其整合到组织中。使用这个检查清单可以指导定制决策：

- 能力模型的目标用户是谁（他们的工作角色是什么）？

- 绩效水平目标是什么（好或卓越）？

- 能力模型的应用时间范围是什么（现在、未来，或者两者兼而有之）？

- 能力模型将在哪里使用（地理范围）？

- 为什么使用你的能力模型（仅供人才发展使用或所有目的，如招聘、选拔、晋升、绩效管理和薪酬）？

- 你的能力模型中哪些细节是重要的（你的特定行业或地理位置）？

运用下列四阶段流程来帮助定制能力模型以适合你的应用。

阶段 1：创建定制模型

首先，组建一个能代表你的目标群体由个人及其主管组成的团队。在理想情况下，这个团队由优秀或卓越的绩效者组成。然后要求团队去检核 ATD 能力模型，并建议那些与你所在组织的人才发展战略、使命和具体需求相匹配的能力。或者考虑整个模型以获得当前和期望的未来状态熟练程度的全面视图。

一旦选择了自己的能力，你就可以安排一系列会议来讨论每种能力下的知识和技能描述，以确定绩效者需要展示哪些知识和技能来获得成功。团队的工作是检查、修正和移除任何与组织文化不相适应的知识或技能。最终结束时会产出一份非常精简、有针对性的清单。

利用这些会议的结果，团队应该最终开发出适合你的企业或国家文化的理想的绩效者画像。这个最终产品是你定制的能力清单草案。

在这个流程的最后，你可能选择进行行为事件访谈，在你的实际工作场所中实施这个草案。行为事件访谈是用来收集过去行为的信息，通常以结构化和规定的格式进行。有关行为事件访谈的进一步资料可在莱尔·斯宾塞和西格内·斯宾塞的《工作胜任力：卓越绩效的模型》（1993 年）中找到。

阶段 2：验证你的草案模型

阶段 2 的目的是与目标工作人员、他们的直接主管和利益相关者一起验证能力清单草案。

现在，你已经对组织的能力有了大致的了解，你可以通过进行一系列焦点小组、研讨会或调查来验证其结论和建议。你也可以采用多种评估方法，询问你的目标团队中的绩效者和他们的直接主管，看他们的能力、知识和技能描述是否合适。你可能还想在此评估中包括其他关键的利益相关者（如高管和学员）。

在开始验证之前，划分一个分数区间。例如，如果评价者被要求以五分制来评估项目的重要性，那么删除任何得分低于4.5分的项目。能力和行为越少越好，因为这样可以集中注意力。在阶段 2 的最后，你应该有一个经过评审和验证的最终清单。

阶段 3：获得高层批准

一旦你和你的团队对最终的目标清单感到满意，就把它（如果可能的话）提交给一个由高管构成的正式团队。从所有利益相关者处获得确定的最终清单与你所在组织的战略目标以及现在和未来的业务需求保持一致是至关重要的。这个可以帮助你思考如何最好地沟通是很有帮助的——考虑创建一个图形，能够描述高水平的主要能力领域。

阶段 4：开始使用模型

检核你所在组织的人力资源系统的所有组件，因为它们与人才发展从业者有关。在项目开始时，要特别注意如何应用模型。

如果只是将该模型用于职业和技能开发，那么你可能需要进行评估，以便确定每个人才发展从业者的优缺点。如果选择更广泛地应用该模型，那么你需要将其内容纳入你的绩效管理系统的所有组件中（包括招聘、选择、开发、绩效评估和晋升）。TD.org 的交互式能力模型可以帮助每个团队成员根据适用于他们或你的团队的知识和技能描述进行自我测评。

定制注意事项

为你所在组织创建能力模型的任何努力都必须经过深思熟虑。首先，请注意，定制过程的每一步都应该以法律允许的方式进行。不同的国家有不同的法律、法规和规章来管理就业。一定要咨询当地的法律顾问，以确保你的调整是合法的。

其次，定制过程的每一步都应是沟通计划的重点，与此同时还应是如技术计划一样的稳健。

最后，请记住，面向全球的公司需要在世界各地不同的地理位置或地区检核这个模型，来进行内容的本地化。

虽然能力可能保持不变，但是不同的区域需要调整所需的行为。

教育工作者和行业组织应用

　　学术机构、培训公司、专业协会、行业组织，以及人才发展社群的咨询顾问和供应商，都是通过教育帮助促进专业能力提升的个人和组织构成的庞大网络的一部分。随着对终身学习的支持增长，他们帮助专业人士与行业同伴在建立网络、扩展技能和获得证书方面取得了显著的效果。ATD 2018 年的研究报告"终身学习：个人和组织绩效之路"显示了持续学习与组织绩效的相关性，能力提升是为了应对业务需求的变化和获得更高的竞争力。

　　这些实体机构可以使用该模型来沟通优先级、规划课程和创建学习项目。具体来说，教育工作者可以使用模型：

- 通过衡量模型中相应能力的现阶段技能来评估学员的需求。
- 交流人才发展的范围和价值。
- 评估现有课程，以确定可以引入模型的哪些方面。
- 更新现有课程以更广泛地覆盖模型中的能力。

- 开发新课程以发展模型中能力的知识和技能。
- 围绕模型中的能力来匹配整个课程。

关于 ATD 分会的说明

联盟组织可以帮助扩展 ATD 在美国各地和全球各地的影响。分会是人才发展专业人士分享信息、建立网络和通过教育机会提高技能的一种手段。与教育机构类似，ATD 分会可以使用该模型来评估其成员的能力熟练程度，并创建专业发展项目来解决差距。分会甚至可以使用该模型来创建年度项目计划，以确保覆盖与成员的角色和技能需求相一致的一系列能力。该模型也可用于支持想通过 ATD 获得人才发展认证的分会会员。通过提供信息、学习小组和辅导，ATD 分会可以将当地专业人士社群与他们可以获得的资源联系起来，以实现他们的职业抱负。

采取下一步

值得重申的是，虽然 ATD 能力模型可以在获取人才发展专业人士现在和未来最需要的信息方面发挥作用，但它的价值源于其潜在的应用。它是为个人和组织而设计的，应将自己置于其中心，并根据需要应用或定制它。第 5 章提供了一些个人、分会和组织如何将胜任力和能力模型付诸实践的例子。

第 5 章

应用 ATD 能力模型的示例

第 4 章解释了个人、团队、组织和其他人如何应用该模型。个体贡献者希望使用该模型作为了解人才发展完整范围和广度的指南。无论个人的角色类型、组织规模、行业或位置如何，该模型都可以作为个人职业发展规划的工具。类似地，管理者或咨询顾问可以使用该模型来帮助人才发展团队确定优势领域、增长机会，以及支持团队知识和技能发展的活动或资源。

实际情况是怎样的呢？谁已经把能力模型应用到工作中了？让我们回顾一下其他人才发展专业人士的观点，他们已使用之前的 ATD 模型来发展他们自己、他们的同行和他们的团队。

导航未来的专业发展路线图

有 20 年人才发展从业经验的克里斯·科拉多纳托运用 ATD 模型做了如下几件事情：在她最初转行时，由于她规划了自己的专业发展和职业目标，学习了很多知识，并准备和研究了她在 2011 年获得的学习和绩效认证证书。

"我评估了那些我觉得自己擅长的（胜任力）领域，以及想进一步探索的领域，而且通过这两件事，我有了一个更好的职业生涯路线图。"克里斯使用 2004 年的 ASTD 模型来评估她的优势和兴趣点时解释道，"在我们领域中支持和利用知识规划是一项基本技能。我们都应该知道如何去做，并帮助他人理解如何去做。如果你拥有这些技能，你就会走得更远、更快。"

"胜任力模型和能力图没有得到充分利用，"她继续说道，"无论你的职业是什么，如果有一个模型，你可以利用它来实现你自己的个人发展和路线图……这是一个指南。最后，除非你很好地把握了这个领域的发展方向，否则你怎么知道你的职业生涯将会走向何方呢？能力模型是理解这一点的一种方法。"

"学习 ATD 模型不应该一劳永逸。"克里斯说,"这个模型作为职业发展的一个重要工具,你至少应该每年重新审视它,因为过去对你不重要或对你的职业生涯至关重要的事情,今天或明天可能会让你感兴趣。这是一张导航未来的专业发展路线图。"

利用 ATD 模型作为指导资源

詹妮弗·布林克是总部位于宾夕法尼亚州费城的大型全球媒体和科技公司康卡斯特的 L&D 人才发展高级总监。康卡斯特大学是一家学习型企业，负责向康卡斯特的员工提供学习和发展机会，同时也担负培养和培训员工的责任，以确保他们提供能够满足学员需求和企业需求的学习体验。

詹妮弗注意到，康卡斯特大学在六年前使用 2013 年版的 ASTD 模型作为参考和资源开发了自己的能力模型。康卡斯特大学模型为培训师发展、课程、发展历程奠定了基础，也是康卡斯特大学的内训师认证的核心。康卡斯特的许多培训师都来自公司内部——尤其是来自呼叫中心或一线部门——他们利用康卡斯特大学模型作为他们学习知识和技能的基础。詹妮弗说："有了这个能力模型，我们的培训师就能很好地了解自己的角色、职责以及在康卡斯特做培训师的期望。"

此外，康卡斯特大学利用该模型为管理者通过观察评估康卡斯特大学培训师——它是观察培训师如何演示康卡斯特大学课程时展示技能和行为的基础。詹妮弗注意到，管理者使用胜任力模型作为指导和反馈培训师的基础，并确定进一步发展的机会。

随着授课方式逐渐演变（包括在线学习和社会化学习），康卡斯特大学模型也在演变。詹妮弗说，随着学员和企业需求的不断变化，相对应的学习方法所需要的额外技能和行为也会被添加到模型中。

用模型来评估你在哪里和你想去哪里

获得 CPLP 证书的斯蒂芬妮·哈卡以多种方式使用了之前的 ATD 模型，她指出，有时候最简单的事情也能产生最大的影响。

───────── • 思想领袖的观点 • ─────────

> 人才发展通过了解并与组织的战略目标保持一致，然后为实现这些战略目标的人员做好准备，从而创造价值。

——卡尔·卡普
布隆格大学、交互式技术学院教授
和顾问

2011 年，当斯蒂芬妮开始一份新工作的时候，也就是她获得 CPLP 证书的时候，她的工作空间里唯一挂着的东西就是一张 ASTD 胜任力素质模型的海报。她是一个小团队的成员，海报促进了关于模型的对话。随着时间的推移，团队成员会问，他们如何才能更多地了解胜任力素质模型的特定领域，然后他们会要求在即将召开的员工会议上进行检核。

"它已经成为一种共同的参考观点和语言，用于我们团队的所有成员分享我们的专业，我们一起从事的工作，我们希望可以有更多学习的领域。"斯蒂芬妮回忆说，"我总是把 ATD 模型的复本悬挂在我的书桌上。"

这种针对模型的对话让团队中的同事或个人可以获得个人成长的机会。例如，斯蒂芬妮表示，即使一个人在该行业的知识或经验有限，也可以开始把自己塑造成一个新兴的领导者："我向同事们建议，你不必成为每个领域的专家。有了一个或多个领域的专业知识，当持续在其他领域积累知识时，你就能成为你所知领域的领导者。"

在团队层面，斯蒂芬妮建议，胜任力和能力模型为团队提供了一个机会，让他们谈论对自己的看法，评估他们在知识和绩效方面的差距，并优先考虑他们如何一起学习。"然后，决定你想把精力和时间放在哪里。"斯蒂芬妮建议用这种方式思考，"擅长不同领域的人可以互相学习其他领域的知识。"

如今，作为 Protos Learning 的管理合伙人，斯蒂芬妮总是以讨论成功是什么样子开始她的客户合作，她使用 ATD 模型来构建最初的对话。

　　她解释说："我希望我的客户和他们的团队熟悉这个模型，因为我把它作为我为他们做的项目的一个重要参考工具。它让我们对我们领域中重要的概念和实践有了一个共同的理解。"

运用胜任力来甄选和发展人才

获得 CPLP 证书的西玛·纳格拉斯·梅农领导着学习管理行动中心（CALM Worldwide），这是一家位于阿拉伯联合酋长国迪拜的管理和学习咨询公司。西玛指出，作为一个不断成长的组织，"只关注技能而不关注更广泛的胜任力，不足以发展和推动员工的职业发展"。

CALM Worldwide 应用了 2013 年版的 ASTD 模型。"它作为一个框架帮助我们的员工将行为聚焦在对组织最重要的事情上，反过来有助于推动组织的成功和成长。"西玛说，"我们还利用胜任力来为我们的组织甄选和发展人才。"

此外，西玛和她的团队使用 ATD 模型来有效地实施胜任力对客户的使用，"因为它着眼于未来，涵盖了与企业成功相关的领域。ATD 模型中的胜任力是在一个逻辑框架下组织起来的，这对我们的咨询很有帮助"。

西玛解释说："（CALM Worldwide）将 ATD 模型中的胜任力与我们客户组织的总体战略重点相结合，以确保它与帮助客户实现卓越是相关的。作为人才发展从业者，我们也用这个模型作为我们自己专业发展的路线图，并创建个人学习计划。我们用它来为我们的咨询公司培养合适的人才和人才发展能力。"

将专业发展机会与基于胜任力的方法保持一致

多数 ATD 分会使用之前的 ATD 模型来规划专业发展计划、区域会议和网络活动——所有的目的都是帮助他们的会员更多地了解在模型的每个领域成功所需要的知识和技能。以下是一些 ATD 分会如何使用最新的 ATD 模型来帮助其成员学习和成长的例子。

ATD 洛杉矶分会：转化大脑和新年联谊会

ATD 洛杉矶分会组织了一个新年联谊活动，让当地的专业人士有机会交流想法，展示他们的才能，并相互联系。主持人要求与会者在 90 秒的时间内准备好分享他们在工作场所实施的技巧、工具或建议。作为奖励，与会者解释了他们的技巧如何与 ATD 模型的专业领域相关联。总体来说，这次活动使分会能够重新吸收新会员，同时平衡一个小型领导团队的能力。这次会议的结果是，分会增加了 19 名新会员，并在一个月的时间里卖完了所有的项目。

| ATD 卡斯卡迪亚分会：会议演讲者的甄选

在俄勒冈州波特兰市的 ATD 卡斯卡迪亚分会，为当地和区域人才发展专业人士举办了一个年度会议。几年前，该分会的会议团队开发并实施了一个自动的建议书请求（RFP），以便为会议收集潜在的会议演讲者。每位演讲者都被要求附上一段与他们所提议的主题类似的演讲视频。在建议书请求中包含了关于演讲者呈现如何与 ATD 模型相一致的问题。通过在建议书请求的这些问题，分会能够提供更有针对性的会议，以及与会者需要记录继续教育学分的信息。

| ATD 夏威夷分会：专业领域的活动邮戳卡片

在 2013 年 ATD 模型发布之后，ATD 夏威夷分会计划了 10 多个与专业领域相关的活动。该分会提供一种邮戳卡片（类似于护照），鼓励其会员在 10 个专业领域中"磨砺他们的剑"，在每个地区至少参加一项活动。那些在一年内参加了所有 10 项活动的人获得了结业证书，并进入年终抽奖。

| ATD 布法罗尼亚加拉分会：每月的会员网络直播

为了向分会所有会员提供一个参与性体验，特别是那些参加每月面对面会议有困难的会员，ATD 布法罗尼亚加拉分会将其项目改为每月一期，录制网络直播。通过使用网络研讨会技术，该分会能够邀请到 ATD 模型中不同领域的各类演讲者进行分享。因为演讲被录制了，所以这个分会能够为会员建立一个网络直播档案，提升了会员价值。通过改变，该分会获得了新的会员，现在提供了更广泛的主题和项目。

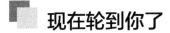

现在轮到你了

组织有很多机会在他们的人才发展职能中应用 ATD 能力模型。在本章中，我们提供了几个示例，说明该模型如何帮助个人和团队以独特的方式培养他们自己的知识与技能。重要的是要记住，一个标准并不适合每个团队或组织。在进行这项重要的工作之前，必须对模型进行检核，并评估什么是对你的人才发展职能和组织最重要的。

访问 td.org/CapabilityModel 了解更多关于为你的组织实施和定制模型的资源与工具。

第 6 章

呼吁在人才发展领域开展的实践

ATD 能力模型

人才发展专业人士是面向未来的，是组织使命成功的关键贡献者。正如 2019 年胜任力研究所示，人才发展专业人士处于独特的地位，能够应对影响该领域发展的趋势（包括信息、大数据和数字化转型的快速应用）。随着组织被人工智能和自动化、兼职工和全职工、虚拟和远程工作以及其他因素所改变，人才发展专业人士可以利用他们多样化的技能组合来释放人类的潜能，从而驱动学习和成果。

ATD 能力模型中概括的知识、技能和能力表明人才发展促进组织绩效、生产力和结果。人才发展专业人士通过创建促进学习的过程、系统和框架，利用技术和创新来最大化个人绩效，并与业务领导者合作，使发展活动与战略业务成果相结合。

该模型为人才发展专业人士提供了一个框架，让他们在整个职业生涯中成长和扩展自己的技能。它还为从业者必须做什么来保持竞争力提供了路线图。人才发展专业人士的关键行为包括：

- 倡导他人和自己终身学习的文化。人才发展专业人士需要努力提高和扩展自己的知识与技能，以适应技术、人工智能、学习科学和全球经济因素的变化。这包括拥抱终身学习，并为了跟上潮流和环境变化创建最佳方式。人才发展专业人士可以作为该领域的领导者，帮助他们的组织抓住充分利用未来的机会。ATD 的研究发现，"超过 2/3 的人才发展领导者表示，提高敬业度是他们的组织希望从鼓励终身学习中获得的主要益处。其他最令人期待的回报包括获得更好的组织绩效、更高的人才保留率、对不断变化的商业需求的反应能力，以及更强的竞争力。绩效较差的组织可能会将终身学习视为增强变化响应能力的一种潜在手段"（ATD 2018）。

- 人才发展关联组织战略和可量化的影响指标。人才发展专业人士需要增强他们的能力，以交流人才发展如何给组织带来贡献，使发展更聚焦于战略规划，体现可测量的行为改变。学会与业务领导者就解决方案的原因及其可衡量的影响进行沟通，可以更好地将人才发展定位为组织成功的合作伙伴。

───────── • 思想领袖的观点 • ─────────

作为可信赖的顾问指导人才发展和变革管理的决策，培训师则成为政策制定者、咨询顾问、商业伙伴，甚至分析师。

——JD 狄龙
Axonify 首席学习架构师

- 围绕学习如何发生来扩展人才发展定位。随着信息以各种形式更容易找到和获取，行业需要快速技能提升，人才发展专业人士需要扩展组织对可以提高员工绩效的学习类型的理解。这包括创建一个知识管理系统，构架、管理和维护组织知识，结合正式和非正式的学习与精心策划的内容。

- 与高层领导、直线经理和人力资源建立一个统一的人才战略。人才发展专业人士处于关键位置，可以帮助组织积极主动地应对挑战，在正确的时间培养出所需的各类技能型员工。这种方法为组织创造了竞争优势，并为组织未来的工作做出了更好的准备。

第 6 章　呼吁在人才发展领域开展的实践

持续更新当前的 ATD 能力模型

以往 ATD 能力模型更新的传统时间表是每 5～7 年更新一次，以跟上专业的变化。最近的研究表明，变化的步伐在加快，更频繁的更新可能是必要的，以反映出一个成功的人才发展专业人士所需掌握的能力。

在开发新的能力模型时，ATD 倾注在构建一个新鲜有活力的框架，它可以作为一个更稳定但适应性更强的结构来反映人才发展专业人士所做的事情。它将允许更频繁的更新完成工作的方法。该模型的灵活性将允许人才发展专业人士在其工作角色或职业成长和变化时为自己进行定制，识别出可以持续增长和发展的新能力。

ATD 致力于不断进行改进，以结合新方法和新概念，来应对行业的发展。通过持续的检核过程，ATD 将更频繁地进行环境扫描和识别影响该领域的趋势。这些新出现的概念将通过教育内容进行探索，通过市场倾向调查进行验证，如果被确认为附加能力，将被添加到模型中。

113

—— 思想领袖的观点 ——

我将人才发展视为推动组织卓越运营的杠杆。

——帕蒂·菲利普斯
ROI 研究所首席执行官

ATD 能力模型的灵活性和适应性为所有人才发展专业人士提供了一个框架，无论他们是刚刚被要求培训同事的主题专家、长期的教学设计师、首席人才发展官，还是正在学习发展团队的新任管理者。确定个人能力模型或发展团队的最佳模型，将使人才发展专业人士能够释放自己的潜能，发展成功的团队和组织。

实践呼吁

新的 ATD 能力模型已经过全面研究和验证。这种面向未来、适应性强且可定制的模型利用人才发展职能来实现组织的成功。该模型鼓励人才发展专业人士及其组织保持现有的技能，并提供一个路线图来确保这一点的实现。一般而言，建议从业者：

- 更新他们对新兴技术的知识，以及如何将其应用到人才发展专业领域。

- 在组织中塑造终身学习的重要性，创造学习文化。

- 致力于了解更多影响未来工作的趋势和他们从事的对人才的影响。

- 加深对数据以及如何分析和应用数据的理解。

- 继续深化理解三个实践领域和 23 种能力。

- 利用三个实践领域所涵盖能力的独特融合来提升他们作为人才发展专业人士的个人实践，以及人才发展职能可以为组织带来的价值。

- 继续将人才发展工作与组织目标保持一致，并使用战略指标来证明人才发展对组织成功的贡献。

人才发展行业正在适应全球市场的动荡。对于人才发展专业人士来说，成为关键的合作伙伴，能够帮助组织为未来做好准备，这一点从来没有像现在这样重要。为你自己和你的团队实践 ATD 能力模型意味着发展你自己的能力，从而利用你不断拓展的专业知识来帮助你所服务的组织发挥其全部潜能。

atd

附录 A

ATD 能力模型背后的
相关研究

为了更好地理解 ATD 能力模型,以及你如何适应和应用它,你需要了解一些它的背景研究。与以往所有的能力模型一样,ATD 及其合作伙伴在开发 ATD 能力模型之前进行了广泛的研究。胜任力模型项目始于对影响该职业趋势的文献回顾和环境扫描。对主要思想领袖的采访也突出了主题,期待能够揭示趋势。在此基础上,ATD 与主题专家合作,编写定义该专业的知识和技能描述。为了收集与这些描述相关的具体数据,ATD 在一项调查中将它们连同人口统计问题一并分发给人才发展专业人士。知识、技能和态度简要概述结果可在第 3 章中找到,完整的数据报告则可参看附录 C。

趋势研究

能力模型研究的基础是捕捉自前一个模型发布以来，关于社会和更大的商业蓝图的主要变化。我们通过全面的文献回顾、专家访谈和顾问小组讨论确定了该领域的主要变化。这些趋势涵盖了商业、技术、学习、科学发展和职业本身的各个领域，并直接引入研究，以确定它们对从业者未来技能需求的影响。

在趋势研究中最值得注意的发现是，人才发展不再仅仅关注学习的设计和交付的战术方面。相反，人才发展已经成为组织成功和获得竞争优势的关键因素，使其从业者成为实现组织目标的所有业务领域的重要合作伙伴。

商业趋势

一个关键的商业趋势涉及员工的变化。随着全球越来越多的人意识到与工作相关的文化和社会差异、环境挑战以及态度，一代又一代的员工不断进入工作场所。许多年轻人希望他们的雇主不仅是为他们提供有意义工作经验的成功企业，而且是良好的企业公民。

> **关键商业趋势：**
> - 员工的人口统计因素
> - 临时劳动力或零工经济
> - 数字化转型
> - 创新和适应性

与此相关的另一个趋势是"替代劳动力"的快速增长——"临时劳动力"，或者像一些人所说的"零工经济"—— 一个以短期合同或自由职业为特征的劳动力市场，非永久性工作。根据康奈尔大学劳动关系研究所和阿斯彭研究所的联合项目零工经济数据中心（Gig Economy Data Hub）发布，临时从业者的比例目前达到了总劳动力的25%~30%，未来几年还将继续增长，超过 1/3。

尽管零工经济对快速成长的企业来说是件好事，但传统企业就没那么乐观了。人才发展专业人士指出，这种劳动力的转变将改变组织的意义，即如何让从业者参与组织的目标和目的。

帮助零工经济崛起的是影响所有行业和组织职能的数字化转型。数字化转型正促使企业领导者反思其业务结构，并迫使他们以全新的方式进入市场。结果，整个商业和工作的格局发生了变化。

　　传统行业普遍受到打击，而创新和适应性正迅速取代生产效率，成为工作流程和实践的驱动力。利用设计思维等工具，企业正在重新思考如何创造产品和吸引客户。

　　今天，组织需要高速重新塑造自己，否则它们将面临被瓦解而不复存在的风险。这意味着在比赛中保持领先的同时也要改变比赛规则。人才发展专业人士是在组织面临颠覆时创造敏捷从业者和激发新思维的重心。他们可以通过跨部门协作、重新培训或提高从业者技能来传递价值。

| 技术趋势

关键技术趋势：

- 无处不在的信息
- 学习的新途径
- 人工智能
- 超级工作

到目前为止，人们已经认识到，科技不仅会带来颠覆，也会为新的做事方式打开大门。无处不在的信息和精确查找的技术，需要人才发展专业人士能够根据学习需求创建定制的策略，并使信息更易于访问、内容更丰富、适应性更强。科技也使得学习环境不再仅仅局限于课堂，还包括进入移动设备和虚拟环境、来自游戏的灵感和其他让你身临其境的技术。技术也使通过收集和分析数据来确定学习对绩效的影响变得更容易。

人工智能、认知技术和机器人技术在自动化与增强工作方面的应用呈上升趋势，促使许多领域的工作和工作所需技能的重新设计。德勤在 2019 年的一份报告中指出："与过去相比，如今的工作更多地由机器驱动和数据驱动，它们也需要人们具备更多的解决问题、沟通、介入和设计方面的技能。"该报告预测，随着机器接管可重复的任务，工作变得不那么常规，许多工作将成为"超级工作"，成为多个传统工作和职责的结合——这将改变组织对工作和员工所需技能的看法。它还将改变企业如何进行人才发展，以及如何在人才发展决策和学习设计中使用人工智能与数据分析。

学习趋势

关键学习趋势：
- 从培训取得知识转移到绩效驱动
- 元认知

在培训行业早期，成人普遍在开始工作之前完成正规教育，然后体验很少超出培训的结构化学习。但随着时间的推移，企业逐渐认识到，有必要确保所有从业者在整个职业生涯中都持续拥有知识和技能，以实现特定的个人和组织目标。随着人力资本价值的提升，培训行业也在发展——从企业课堂扩展到云端。虽然培训被视为将知识从一个人转移给更多人的一系列事件，但人才发展则表示能够推动整个组织的绩效和结果的一系列能力和实践。

随着从业者的不断成长，行业的关注焦点继续从培训师的能力转移到学员的能力上。实施情况是通过一个人或一个团队如何成功应用获得的新知识，以及他们在多大程度上提高了他们的学习技能来判断的。元认知——对自己学习或思考过程的认识或分析——已经成为学员技能一部分。

科学发展趋势

> **关键科学发展趋势：**
> - 基于大脑的研究
> - 个体如何一起学习

　　对人体神经系统和大脑的解剖学、生理学和分子生物学的研究，已经替代了几十年与基于研究证据相关的学习。从神经元影响认知的方式，到睡眠在我们学习、记忆和做出逻辑决定能力中的作用，科学发现的爆炸性增长让人才发展领域受益匪浅。

　　一项关于成人学习、认知、记忆和行为的新研究填补了关于大脑结构和功能如何影响学习的一些空白。虚拟多人游戏揭示了更多关于玩家如何一起学习达到目标的见解，以及游戏环境是如何激励他们学习的。心理学研究探索了学习、教学、动机、课堂管理、社会互动、沟通和评估的过程。今天的人才发展专业人士利用这些发现来指导他们的工作和改进他们的实践。

| 职业趋势

关键职业趋势：

- 加速学习
- 商业和技术敏锐度的需求
- 内容策展
- 分析和大数据
- 证书、认证和终身学习

随着商业的大多数方面已进入发展的快车道，人才发展专业人士正在向自我指导的、个性化的和快速更新的加速学习转变。它们帮助学员独立地和自我调控地学习他们所要学习的内容，所以这些内容越来越多地以定制和及时的方式被提供。

人才发展专业人士需要掌握关键技能，如商业和技术的敏锐度、数据分析和内容管理等。他们花更多的时间与其他业务部门合作，将学员的注意力集中在效率的最大化上。通常情况下，他们会利用设计思维和社交网络理论等，引导人们和团队更加创新与敏捷。

因为通过互联网获得的信息过多，所以内容管理成为人才发展重要的一部分。现在，许多人才发展专业人士负责选择和评估现成的学习、学习的质量、适用性和有效性。

在人工智能时代，人才发展专业人士在分析和解读数据、获取见解和总结发现等方面面临着新的挑战。例如，人工智能系统可以分析大量数据，并就招聘或晋升提出建议，但这些结论只能由人类来解释和捍卫。这些讲解员的任务通常是针对不同的对象，用恰当的方式沟通复杂的信息。

随着数据的激增，人才发展专业人士有了新的渠道和方式来提升他们工作的有效性。衡量和评估人才发展的影响是必须要做的事情，可以将其结果提炼成有意义的商业案例，投资于人以实现真正的价值。同样重要的是，人才发展从业者需要成为他们所服务企业的管理者和领导者强有力的顾问与合作伙伴。数据和分析可以作为强大的工具，帮助人才发展从业者识别、量化和分享关于人才如何支持组织战略与竞争优势的见解。

为了跟上行业发展的步伐，与人才培养相关的学术课程和学位项目的数量有所增加。ATD 网站（td.org）提供了 481 个教育、培训和成人学习的学位项目目录：人力资源管理、教学设计、领导力发展、组织发展和组织心理学。此外，专业教育和证书项目比比皆是，以便你及时获得技能发展和专业技能的验证，跟上不断的发展。

这些和其他一些影响商业、经济和劳动力的趋势将继续影响未来几年的人才发展实践。

 知识、技能和态度的职业调查

趋势研究的结果最终表明，人才发展专业人士的角色已经超越了传统的培训设计和交付领域。有效的人才发展需要一个积极主动的、承担业务合作伙伴的方法来预测和响应不断变化的需求，并利用个人能力来支持组织战略并产生竞争优势。趋势研究、文献综述和结构化访谈使 ATD 确定了胜任力描述。

此外，ATD 还想确定人才发展从业者如何评价这些描述的相对重要性。为此，ATD 进行了一项职业调查。

｜ 职业调查的目的

研究的主要目的是确定人才发展专业人士有效履行其职责所需的知识、技能和态度，并为他们获取有关职业和发展途径的信息。由于这是在"人才发展"的旗帜下完成的第一个研究，因此定义涵盖该领域的全部范围是一个关键目标。

为此，2019 年模型开发项目创建了一系列原始的知识、技

能和态度描述，而不是基于 2013 年的胜任力框架。一个由主题专家组成的特别小组共同撰写了知识、技能和态度描述，旨在涵盖人才发展专业人士角色的所有可能方面。这些描述包括许多熟悉的，如教学设计和培训交付的胜任力，以及一些特定的专业胜任力，如成为战略业务合作伙伴和那些被认为基本或赋能的人际关系胜任力。

基于这种广泛的对角色的新认知，与以前的研究相比，人才发展专业人士的知识和技能描述拥有更少的战术性、更强的战略性。这些描述也更关注于"我们为这个领域做了什么"，而不是"我们如何做"，这可以让我们更加频繁地更新模型，以跟上这个领域的趋势和变化。职业调查描述的目的是确定人才发展专业人士是否同意扩大责任范围。最终 197 个描述连同人口统计问题，被汇总成一个调查问卷送往实地进行调查。

| 谁回应了调查

超过 5400 名专业人士参与了这项调查，得到了 3033 条有用的回复，是迄今为止 ATD 胜任力研究调查的最高回复。有效反馈是一个人回答了至少 56%的问题。分析剔除了对至少 90%的描述给出相同评级的受访者。总体而言，受访者多为女性（61%），年龄是 40～60 岁（50%），居住在美国（77%），受过高等教育（90%），全职工作（94%），在人才发展方面有一定经验（>10 年，59%）。样本还包括来自入门级（3%）、专家级（43%）、管理层（38%）和高管层（16%）的个人。

　　近 2/3 的受访者在美国的非营利性组织（33%）或跨国公司（32%）中工作。略多于一半的人（54%）在大公司（501 ～ 50 000 名从业者）工作。相比之下，61% 的受访者表示，他们的人才发展部门拥有 10 名或更少的从业者。虽然一些受访者表示，他们的人才发展部门汇报给运营部门（18%）或执行办公室（13%），但大多数受访者表示，他们的部门汇报给人力资源部门（52%）。大约样本中有 15% 受雇于小型企业或拥有自己的企业。

　　2019 年调查的受访者与 2013 年调查的受访者有如下几方面的不同。首先，也是最重要的，受访者数量更多；3033 人是参与先前调查人数的两倍多。此外，23% 的受访者来自美国以外的 69 个国家，提供了迄今为止最大的一组全球数据。年龄在 30 岁以下的受访者数量几乎是以前的 6 倍，这可能表明他们有意在职业生涯中更早进入该专业领域。受访者在本次调查中也代表了更大范围的专业人士，这一点可以从以下事实得到证明：工作经验少于 3 年的受访者的参与度显著增加，来自高管层的参与度成倍增加（从 2013 年的 237 人增加到 2019 年的近 500 人）。

研究是如何形成这个模型的

来自胜任力模型研究的结果，包括趋势分析和职业调查，显示了人才发展专业人士是如何继续扩大关注和影响的。如今，人才发展专业人士几乎涉及组织和从业者生命周期的每一个组成部分。他们不再等待着被要求加入，而是主动处理组织问题，以创建可持续的业务改进。此外，对 70 个国家的从业者进行了调查，他们比以往任何时候都更加全球化和多样化。

所有这些导致了对 2013 年 ASTD 胜任力模型的彻底颠覆。

附录 **B**

先前关于 ATD 胜任力的
研究和重要发现

2013 年 ASTD 胜任力研究：重新定义了培训和发展行业

2013 年 ASTD 胜任力研究的主要目标是更新 2004 年胜任力研究中首次确定的知识、技能、能力和行为。对 188 位经验丰富的主题专家和思想领袖进行集中访谈，收集他们对 2004 年胜任力模型的总体意见，特别是对专业领域的观点，并确定可能影响 2004 年胜任力模型的趋势和发展。这些发现随后通过一项由 1313 名受访者参与的调查得到了证实。

重要发现

这项研究的结果改变了实际的胜任力素质模型图形，从金字塔变成了五边形，为的是说明更新后的模型没有层级之分。这项研究提供了重要的见解，说明了哪些能力的重要性正在出现、转变和增加。最值得注意的是：

- 强调技术素养。
- 采用全球思维。

- 体现情绪智力。

- 开发双重行业知识。

- 创新。

因此，模型增加了三个新的专业领域：行业知识、技术素养和全球思维。

此外，原有的五个专业领域因为引入学习分析，并包括非正式学习方法、社交媒体，以及利用技术而被更新：

- 设计学习变为教学设计。

- 交付培训变成培训交付。

- 衡量与评估变为评估学习影响。

- 管理组织知识变为知识管理。

- 职业规划和人才管理变为整合人才管理。

2004 年 ASTD 胜任力研究：描绘未来

来自世界各地的 2000 多名培训和发展专业人士与高级领导人参加了 ASTD 胜任力研究：描绘未来。此次研究的主要目标是确定将影响现在和未来实践的最重要的趋势与驱动因素；描述一个全面的、鼓舞人心的、面向未来的胜任力模型，并为基于能力的应用、交付和输出（包括认证）提供基础。

重要发现

该研究确定了培训和发展专业人士应准备应对的八个关键趋势：

- 极端时期，极端措施。
- 难以区分的界限：生活或工作。
- 小世界和萧条。
- 新的面孔，新的期望。
- 工作是灵活的，工作是快速的。
- 关注安全。

- 电子化的生活和工作。

- 更高的道德要求。

该研究确定了三个主要类别（集群）的基本胜任力，以及与每个类别相关的四个关键特性——个人内心、业务/管理、个人，以及培训和发展专业人士需要掌握的九个专业领域：

- 设计培训。

- 改进人力绩效。

- 交付培训。

- 衡量和评估。

- 引导组织变革。

- 管理学习职能。

- 教练。

- 管理组织知识。

- 职业规划和人才管理。

1999 年体现工作场所学习和绩效的 ASTD 模型

从业者、高级从业者与直线经理为工作场所学习和绩效的 ASTD 模型报告提供了输入信息，以确定在该领域取得成功所需的现在和未来的能力（1999 年以后的五年）。该报告将工作场所学习和绩效定义为"为提高个人和组织绩效而综合利用学习与其他干预手段"。

重要发现

该报告将角色（而不是职位）定义为"一组以满足工作或职能的特定期望为目标的能力"（Rothwell 等，1999）。它确定了七个工作场所学习和绩效角色，包括管理者、分析师、干预选择者、干预设计者、干预实施者、变更领导者和评估者。

此外，确定了 52 种具体能力，并分为 6 组：

- 分析胜任力——通过综合多种想法、流程和数据创造新的理解或方法。

- 技术胜任力——对现有知识或流程的理解和应用。

- 领导胜任力——影响、赋能或激励他人采取行动。

- 业务胜任力——理解作为系统的组织、流程、决策标准和企业面临的问题。

- 人际胜任力——理解和应用能够在人与团队之间产生有效互动的方法。

- 科技胜任力——理解和应用当下、新的或新兴技术。

1998 年体现学习技术的 ASTD 模型

1998 年体现学习技术的 ASTD 模型报告审查了人力资源开发专业人士在其组织中实现学习技术所承担的角色、具备的能力和产生的工作输出。人力资源开发专业人士被确定为那些利用培训和发展、组织发展和职业发展来提高个人、团体和组织效率的人。

重要发现

1998 年的研究提供了一个分类系统，其中包括相关的教学方法（讲座、角色扮演和模拟）、演示方法（基于计算机的培训、电子绩效支持系统、多媒体和视频）和分发形态（录音带、CD-ROM、互联网和录像带）。

1996 年体现人力绩效改进的 ASTD 模型

体现人力绩效改进的 ASTD 模型报告，探索了人力绩效改进专业人士（或绩效顾问）在组织内创建有意义的变革所需要承担的角色、具备的能力和产生的输出。报告将人力绩效改进描述为一个过程，而不是一门学科。例如，教学系统设计被描述为一个用于分析、设计、开发、交付和评估培训计划的过程。人力资源开发则被描述为执行人力绩效改进过程的原则。因此，人力绩效改进从业者代表任何使用人力绩效改进模型解决业务问题的人。

重要发现

1996 年的研究发现了两个关键点。首先，在组织环境中，每个人都在提高绩效和提高组织竞争力中发挥作用。从业者、直线经理、员工和其他人都可以执行人力绩效改进工作；人力资源开发专业人士并不是唯一的从业者。其次，没有一个人能胜任所有的角色，也没有一个人能掌握研究中描述的所有能力。

此外，报告还包括：

- 列明了 5 个领域的趋势：绩效、业务、学习、组织结构和技术。
- 描述了人力绩效改进工作 14 个终端输出和 81 个赋能输出。终端输出被描述为与特定角色直接相关的最终结果，而赋能输出被描述为与特定能力的展示相关的特定输出。
- 明确指出人力绩效改进的 15 个核心胜任力和 38 个辅助胜任力。
- 总结了人力绩效改进专业人士的 4 个角色：分析师、干预专家、变革管理者、评估者。
- 确定了影响人力绩效改进工作的 16 个关键伦理问题。

1989 年体现人力资源开发实践的模型

体现人力资源开发实践的模型报告定义了职业包括职业发展、组织发展以及培训和发展。它将人力资源开发定义为"培训与发展、组织发展和职业发展的整合应用，以提高个人、团体和组织的效率"。

重要发现

1989 年的研究将人力资源开发描述为包含一个 12 个活动的圆轮：培训和发展、组织发展、职业发展、组织/工作设计、人力资源规划、绩效管理系统、甄选和人员配备、报酬和福利、员工支持、工会/劳动关系、人力资源研究和信息系统。

此外，本研究还包括：

- 描述人力资源开发工作的 74 项输出，识别每项输出的质量需求。
- 明确指出人力资源开发的 35 项核心能力，并识别影响人力资源开发的关键伦理问题。

- 总结出人力资源开发的 11 个角色，包括研究人员、营销人员、组织变革推动者、需求分析师、程序设计师、人力资源开发材料开发人员、教练/引导师、个人职业发展顾问、管理者、评估者、人力资源开发经理。

1983 年的卓越模型

卓越模型报告定义了培训和发展，并为 1983 年以后出版的每个 ASTD 胜任力模型的研究建立了格式。

重要发现

1981 年，帕特里夏·麦克拉根开展了一系列关于培训和发展以及培训师角色的研究，创建了卓越模型。1983 年的报告（McLagan 和 McCullough，1983）描述了人力资源开发圆轮、培训和发展的定义、影响培训和发展领域的 34 种力量、培训和发展的 15 种角色、培训和发展领域的 102 项关键输出、培训和发展的 31 项胜任力、4 种角色类别、一个包含 15 种角色和 31 种胜任力的矩阵。

1978 年培训和发展专业人士角色与胜任力的研究

培训和发展专业人士角色与胜任力的研究，定义了有效开展培训和发展活动所需的基本技能、知识与其他因素。这项研究调查了 1.4 万多人，包括来自美国、加拿大、墨西哥的 ASTD 会员，以及 500 位来自北美之外的 ASTD 会员。

重要发现

由帕特里克·平托和詹姆斯·沃克在 1978 年进行的研究揭示了培训和发展从业者致力于以下主要领域：

- 分析和诊断需求。
- 确定适当的培训方法。
- 设计和开发计划。
- 开发材料资源。
- 管理内部资源。
- 管理外部资源。

- 为个人提供开发和咨询服务。

- 岗前和绩效培训。

- 进行课堂培训。

- 发展团队和组织发展。

- 进行培训研究。

- 管理与经理和客户相关的工作关系。

- 管理培训和发展职能。

- 管理专业人士的自我发展。

atd

附录 C

数据收集细节

　　2019 年 ATD 胜任力研究是一个全面而严谨的研究项目，旨在识别现在和未来 5 年作为人才发展专业人士获得所需绩效应该具备的知识、技能和态度。2019 年能力模型是根据该研究和其他几个来源的数据开发的：

- 文献综述的书籍、期刊、研究报告、学术期刊文章。
- 25 位思想领袖的结构化访谈。
- 人才发展专业人士的职业调查。

 文献综述

文献综述的目的是汇编关于人才发展的广泛信息基础,并针对这些信息进行分析,以确定可以分解为描述特定胜任力的主题类别。在本研究中,ATD 采用了一个关于胜任力的定义,该定义综合了关于胜任力目的的各种观点和胜任力模型,它适用于整个职业,而不是某个职业中的单一工作。这种方法要求胜任力能够覆盖世界范围的工作和地区,因此,排除了工作特定行为(如任务和职责)或因文化不同而导致个人属性(如态度和价值观)不同的影响。因此,ATD 将胜任力定义为与工作中成功绩效相关的知识或技能的描述。与胜任力建模的最佳实践相一致,ATD 关注的是在人才发展专业领域中与个人和组织成果相关的胜任力。

这项研究得出的信息不仅证实了与人才发展相关的现有能力,还描述了未来可能有用的知识和技能。然后,这些数据被用来制定描述草稿,供主题专家审查,以便用于职业调查。

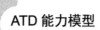

结构化面谈

ATD 开发了一个结构化的访谈问卷，从目前在该领域工作
或与该领域相关的专家和思想领袖那里收集关于人才发展的范
围与性质的观点。问卷涵盖了 4 个主要主题：定义人才发展、
人才发展的未来、对个人和组织成果的贡献，以及 2013 年 ASTD
胜任力模型。整个问卷包括 31 个问题。

ATD 的工作人员对 25 位专家和思想领袖进行了问卷调查，
可以通过现场虚拟访谈，也可以通过书面文件。以下是对采访
见解的总结。

定义人才发展

- 人才发展是一系列系统化的活动（包括获得和保留），专
  注于个人和组织的绩效、能力与增长之间的关系。
- 人才发展是经过规划的、理论驱动的、结果导向的，它
  融合了战略和战术的培训以实现直接与长期目标。
- 人才发展专业人士包括中途转行和专业程度很高的人

员，他们来自其他行业和部门（如人力资源、金融、医疗、制造和教育），也包括职业生涯早期的专业人士，可能受过相关教育但缺乏经验（如人力资源、**MBA**、学习和发展、心理学或教育学学位的应届毕业生）。

- 人才发展专业人士可能擅长某一特定领域（如教练），也可能是掌握多领域知识（如项目管理、组织发展、质量保证、变革管理、数据分析、咨询、教练、绩效评估、领导力、敬业度、企业责任、继任规划、入职、预测、多样性和包容性）的专家。

｜　人才发展的未来

- 人才发展专业人士需要适应全球市场的纷扰，需要满足人才短期供应和需求的不断增长。工作的速度、期望值和复杂性都在增加。人们待在组织中的时间越来越短，他们可能把职位视为跳板，而不是事业。与此同时，企业也在根据不断变化的商业模式和新兴技术进行重组。技术可能正在推动和促成工作方式、从业者对雇主的期望以及组织如何获得竞争优势等方面的变化。

- 人才发展专业人士越来越需要提高他们的能力，以交流人才发展如何给组织带来贡献，更加重视战略规划，提高学习能力以体现可测量的行为改变，实验和部署新的人才培养模式，与商界领袖和利益相关者合作以了解核心业务与组织的战略及运营环境，使用商业语言，开发辨别人才发展技术质量的能力，识别现在和未来趋势及其对人才战略的影响。

对个人和组织成果的贡献

- 人才发展有助于产出如下个人成果：从业者敬业度和福利、绩效改进、与工作相关胜任力的发展、职业规划、合规、客户服务、产品知识、人际交往能力和自我效能。
- 人才发展有助于产出如下组织成果：新员工培训、继任计划、盈利能力、客户体验和满意度、风险减轻和合规、运营效率、知识共享、文化和多样性、保留。

2013 年 ATD 能力模型

总体来说，关于 2013 年模型的反馈表明，它是全面的，但在术语方面可能有点儿过时，它是围绕着对人才发展的目的和范围的旧思维方式进行组织的。模型组成部分如何协同工作尚不清楚。（例如，某胜任力与其他胜任力相比是更重要，还是更不重要？如果更重要，那么在什么情况下更重要？）

　　该模型可能只对人才发展专业人士有意义，因此其适用性和被公众采用的频率是有限的。该模型需要降低对传统培训和学习模型的关注，并包含更多关于专业领域如何影响业务的信息。这种模型应该强调，人才发展是企业的一部分，而不是一个单独的实体。

人才发展专业人士的职业调查

根据文献综述中获得的数据，结合结构化访谈中确定的趋势，主题专家对 197 个知识和技能描述进行了审查、编辑与开发，将其作为"胜任力研究"职业调查的一部分进行分发。鉴于调查问卷的长度，其中包括人口统计问题，调查被分为三种形式，每种形式约有 65 个描述。为了保证这三种调查形式的公平公正，每个受访者被随机分配了一种。所有的人口统计问题都是一样的。

该调查通过电子邮件以及各种专业网络的开放链接直接分发给 ATD 的利益相关者。受访者被鼓励将该链接分享给人才发展同事。

共有 5403 人参加了此次调查。其中，3033 人的回答被认为是有效的。有效反馈被确定为一项至少完成了 56%问题的调查。此外，分析剔除了对至少 90%的描述给出相同评级的受访者。三种形式的有效回答比例接近，问卷 A 得到 1026 份（占19.0%）有效回答，问卷 B 得到 1049 份（占 19.4%）有效回答，问卷 C 得到 958 份（占 17.7%）有效回答。

因为描述的列表包括知识和技能，潜在的受访者包括个人职业生涯范围（入门级或总监级），这也是由传统胜任力建模量表评估频率（熟练程度）决定的，入门级的一些测试则不是研究的重点，也很难适用于所有的受访者。相反，该研究使用了一个四点重要性量表，在两个时间点评估列出的知识和技能的重要性。对于每项描述，受访者都为现在和未来 3~5 年获得优异的工作表现对知识或技能的重要性进行了评分。量表如下所示。

这些知识或技能对你现在获得优异的工作表现有多重要？

1 不重要

2 次重要

3 重要

4 非常重要

这些知识或技能对你在未来 3~5 年内获得优异的工作表现有多重要？

1 不重要

2 次重要

3 重要

4 非常重要

｜ 调查结果

总共有 188 个知识和技能描述获得了足够高的评分，可以纳入 2019 年能力模型。6 个知识、技能和态度描述没有得到足够高的评分，未纳入 2019 年能力模型。另外 4 个陈述被确定为重复的内容，为了清晰起见，被删除。

下表是按领域进行分组的，并按照每种能力的知识、技能和态度描述的统计信息进行拆分。每个描述都按四点重要性量表进行评分，1 分是不重要，2 分是次重要，3 分是重要，4 分是非常重要。除了受访者的数量，表中还显示了现在和未来 3~5 年每个描述的评分的均值和标准差。

｜ 个人提升能力

沟 通					
描　　述	样本数	现在均值	现在标准差	未来均值	未来标准差
以清晰、简洁和引人注目的方式表达思想、感受和观点	836	3.55	0.73	3.67	0.65
运用积极倾听的原则（例如，专注于某人说了什么，推迟判断，并适当给予回应）	796	3.62	0.62	3.70	0.56
使用沟通策略知会和影响听众	780	3.44	0.76	3.61	0.67
运用说服和影响技术与利益相关者达成共识，并获得其承诺和支持	882	3.32	0.83	3.48	0.76

续表

沟　　通					
描　　述	样本数	现在均值	现在标准差	未来均值	未来标准差
以各种形式且通过各种媒体（如报告、简报、备忘录、演示文稿、文章和电子邮件）构思、开发和交付信息	796	3.37	0.77	3.51	0.70
运用口头、书面和非语言沟通技巧（例如，日程设置，问开放式问题，表明态度和尊重，展示专业形象）	796	3.51	0.73	3.60	0.67
与个人和团体进行引导对话，帮助他们识别、表达、澄清他们的想法和感受	780	3.20	0.89	3.39	0.80
表达和传递价值主张，以获得利益相关者的承诺、支持与认同	882	3.34	0.82	3.54	0.74

情绪智力与决策					
描　　述	样本数	现在均值	现在标准差	未来均值	未来标准差
情绪智力相关理论	1026	3.15	0.82	3.37	0.77
评估和管理自己的情绪状态	776	3.31	0.90	3.44	0.84
识别影响个人认知和行为的偏见	776	3.30	0.88	3.45	0.79
观察和解释个人与团体的语言及非语言行为	773	3.37	0.79	3.48	0.73
调整自己的行为，以应对或预期他人行为、态度和想法的转变	776	3.40	0.81	3.53	0.75
学习和展示意志力的技术与方法（如冥想、正念和换位思考）	776	3.04	0.97	3.24	0.92

续表

情绪智力与决策					
描　　述	样本数	现在均值	现在标准差	未来均值	未来标准差
决策模型（如达成共识、民主和专制）	923	2.62	0.99	2.81	0.97
用逻辑和推理来确定替代解决方案、结论或解决问题的方法的优点与缺点	776	3.42	0.76	3.54	0.71

协作与领导力					
描　　述	样本数	现在均值	现在标准差	未来均值	未来标准差
构建和管理专业关系的理论、方法与技术（如团体动力学、团队合作、共享经验和谈判）	816	3.11	0.84	3.31	0.80
建立和管理不同业务部门之间协作的方法与标准（如财务、运营、IT、销售和营销）	816	2.88	0.93	3.14	0.90
构建和管理团队与工作小组（例如，运用团体动力学，培养团队精神和协作）	816	3.28	0.83	3.53	0.72
整合众人观点来购建不同观点的一致性	816	3.15	0.86	3.39	0.79
冲突管理技巧	923	3.04	0.90	3.23	0.83
管理冲突（例如，提供反馈，调解和解决纠纷）	923	3.06	0.92	3.27	0.84
管理和监督他人的方法与技术（例如，指导他人的工作，分配任务，提供指导和支持，分配工具和资源）	923	3.03	0.94	3.29	0.88
提供反馈的原则和技巧	796	3.38	0.77	3.56	0.68
领导力理论（如变革、包容和情境）	923	2.83	0.94	3.09	0.91
为他人匹配、分配和授权工作	923	2.88	0.93	3.12	0.90

文化意识与包容

描 述	样本数	现在均值	现在标准差	未来均值	未来标准差
工作场所的文化差异（如沟通风格、组织和商业习惯、着装和家庭责任）	836	3.03	0.89	3.29	0.85
影响决策和行为的社交与文化规范	836	2.92	0.92	3.17	0.87
培养文化意识、鼓励文化敏感性和拓宽视野的方法与技巧	836	2.90	0.95	3.21	0.88
在多样性的环境和情境下，针对职能适应和调整态度、观点与行为	776	3.41	0.80	3.54	0.74
鼓励和促进工作场所多样性和包容性的方法	836	2.87	0.97	3.16	0.92
在人才发展战略和计划中整合多样性与包容性的原则	836	2.93	0.95	3.27	0.90

项目管理

描 述	样本数	现在均值	现在标准差	未来均值	未来标准差
掌握项目管理原则和流程等知识（例如，计划、规划、分配资源、评估和报告）	976	3.10	0.85	3.31	0.81
协调与规划会议相关的后勤任务	864	2.82	0.96	2.82	0.98
对潜在活动的影响、风险、可行性和后果进行评估并设定优先级	774	3.16	0.89	3.33	0.82
开发项目计划和日程表，包括整合的资源、具体任务和时间表	976	3.07	0.86	3.26	0.85

ATD 能力模型

续表

项目管理					
描　　述	样本数	现在均值	现在标准差	未来均值	未来标准差
为应对目标、标准、资源和时间的预期变化，调整工作流程和结果输出	923	3.04	0.97	3.28	0.81
为达成目的、目标和里程碑，建立、监控和沟通流程	976	3.24	0.81	3.47	0.75

合规与道德行为					
描　　述	样本数	现在均值	现在标准差	未来均值	未来标准差
诚信行为（例如，诚实地承认自己的错误，尊重他人，公平地对待他人）	773	3.71	0.63	3.76	0.58
建立、维护和执行自我和他人诚信道德行为的标准	923	3.13	0.95	3.28	0.90
与信息访问和使用相关的法律、法规及道德问题（如智力资本、个人身份信息和客户数据）	930	2.99	0.95	3.22	0.91
与教学内容开发相关的法律、法规及道德问题（如知识产权、版权法律、可访问性需求）	1026	3.02	0.90	3.19	0.90
与人力资源和人才发展相关的法律、法规及道德问题（如劳动法、可访问性、劳动关系）	1026	2.84	0.96	3.04	0.94
与永久、临时或分散的劳动力有关的法律、法规及道德问题	930	2.55	0.99	2.79	1.02
区域性或特定市场的教育和劳工的公共政策	929	2.41	0.99	2.59	1.01

终身学习					
描　　述	样本数	现在均值	现在标准差	未来均值	未来标准差
渴望学习，以持续引导知识和技能的开发与拓展	1026	3.15	0.83	3.28	0.81
通过参加专业发展相关活动获取新知识（如参加专业会议、自主阅读和跟踪行业趋势）	773	3.51	0.74	3.65	0.63
开发、维护和利用组织内外部的专家网络（如有影响力的人、学习和绩效专家）	816	3.16	0.88	3.43	0.79
职业探索以及自我和他人的终身学习的相关资源	845	2.84	0.95	3.15	0.91

| 专业发展能力

学习科学					
描　　述	样本数	现在均值	现在标准差	未来均值	未来标准差
基本行为主义、认知主义和建构主义的学习理论	1026	2.79	0.88	2.82	0.92
与学习相关的认知科学的原理与应用（如听觉和视觉加工、存储和检索信息、记忆和认知负荷）	1026	3.18	0.80	3.31	0.79
成人学习理论和模型（如诺尔斯的成人学习理论、布鲁姆分类法、加涅的九个学习层次理论、梅杰斯的参照标准的教学方法、社会化和协作学习、体验式学习）	1026	3.31	0.81	3.28	0.84

续表

学习科学					
描　　述	样本数	现在均值	现在标准差	未来均值	未来标准差
沟通理论和模型以及它们与学习的相关性	836	2.59	1.01	2.81	0.97
运用认知科学和成人学习理论来设计解决方案，以最大化学习和行为的成果（如增强动机和提高知识保有率）	1026	3.40	0.74	3.54	0.69

教学设计					
描　　述	样本数	现在均值	现在标准差	未来均值	未来标准差
开发学习和行为成果描述	881	3.17	0.84	3.36	0.79
教学设计模型和流程（如 ADDIE 和 SAM）	881	3.10	0.91	3.15	0.91
需求评估的方法和技巧	881	3.31	0.78	3.48	0.69
教学模式（如课堂学习、混合式学习、大规模网络公开课、慕课、游戏化学习、多媒体和移动学习、虚拟现实模拟）	881	3.31	0.81	3.54	0.70
定义学习和行为成果描述的方法与技巧	881	3.21	0.84	3.36	0.79
针对期望的学习或行为成果，评估教学内容质量和相关性的标准	845	3.12	0.88	3.37	0.80
学习和发展解决方案的设计蓝图、概要与其他可视化呈现（如线框图、脚本和小样）	864	2.67	0.98	2.92	0.95
规划设计和开发教学内容的方法与技巧	881	3.36	0.78	3.44	0.76
从主题专家那里获得知识和信息，以支持和提升学习	816	3.40	0.76	3.56	0.69

续表

教学设计

描　　述	样本数	现在均值	现在标准差	未来均值	未来标准差
教学方法和技巧的类型与应用（如讨论、自主学习、角色扮演、讲座、行动学习、演示和练习）	881	3.41	0.79	3.51	0.71
为达成期望的学习或行为成果，根据培训和学习活动选择与调整交付方式及媒体	864	3.30	0.82	3.50	0.76
设计和开发学习资产（如角色扮演、自我评估、培训手册、工作辅助、可视化辅助）以获得期望的学习或行为成果	864	3.26	0.84	3.37	0.81
应用到学习和人才发展解决方案开发的设计思维和快速原型设计	845	2.76	0.91	3.20	0.88
影响或支持个人和群体开发的正式与非正式学习体验	838	3.22	0.78	3.48	0.68

培训交付与引导

描　　述	样本数	现在均值	现在标准差	未来均值	未来标准差
协调和规划会议与学习事件相关的后勤任务	864	2.82	0.96	2.82	0.98
在面对面或虚拟环境中开展引导会议或学习事件	864	3.25	0.85	3.34	0.83
掌握引导方法和技术相关的知识	864	3.36	0.81	3.40	0.80
营造积极的学习氛围和环境	864	3.51	0.76	3.60	0.71
为达成期望的学习或行为成果，根据培训和学习活动选择与调整交付方式及媒体	864	3.30	0.82	3.50	0.76

续表

培训交付与引导					
描　　述	样本数	现在均值	现在标准差	未来均值	未来标准差
使用多种交付方式和媒体来交付培训（如移动或多媒体设备、在线、课堂）	864	3.23	0.87	3.50	0.77
设计和开发学习资产（如角色扮演、自我评估、培训手册、工作辅助、可视化辅助），以获得期望的学习或行为成果	864	3.26	0.84	3.37	0.81

技术应用					
描　　述	样本数	现在均值	现在标准差	未来均值	未来标准差
选择、整合、管理和维护学习平台（如学习管理系统、知识管理系统和绩效管理系统）	780	2.89	1.00	3.17	0.92
识别、定义、阐明技术系统需求，以支持学习和人才发展的解决方案	776	2.81	0.96	3.08	0.90
评估和选择电子学习软件与工具的标准及技巧	780	2.82	0.97	3.10	0.91
识别、选择和实施学习技术（例如，在教学环境中使用评价标准并确定合适的应用程序）	776	2.95	0.94	3.20	0.87
测试学习技术和支持系统可用性和功能性的方法及技巧	780	2.70	0.96	2.99	0.95
现有学习技术和支持系统（如协作学习软件、学习管理系统、创作工具和社交媒体）	780	3.17	0.83	3.53	0.69
人力资源系统和技术平台，以及它们如何与其他组织和业务系统及流程集成	780	2.66	0.98	2.95	0.96

技术应用					
描　　述	样本数	现在均值	现在标准差	未来均值	未来标准差
通信技术及其应用（如视频会议、网络会议、学员应用系统和演示软件）	780	3.17	0.83	3.42	0.78
用户界面设计的原则	780	2.67	0.97	3.00	0.96
发展符合道德和毫无偏见的人工智能、机器学习算法、增强现实技术与混合现实技术	792	1.98	1.04	2.53	1.16
使用电子学习软件和工具	776	3.02	0.96	3.28	0.90
可用于支持学习和人才发展解决方案的技术的功能、特点、局限性与实际应用	780	3.11	0.83	3.41	0.76
使用人力资源技术系统存储、检索和加工人才及与人才发展相关的信息	883	2.64	1.01	2.99	1.00
利用社交媒体平台和工具支持知识共享、交流想法与学习的技术及方法	838	2.78	0.95	3.31	0.85
符合道德和毫无偏见的人工智能、机器学习算法、增强现实技术与混合现实技术	792	1.98	1.04	2.53	1.16

知识管理					
描　　述	样本数	现在均值	现在标准差	未来均值	未来标准差
知识管理的原则（如概念化、管理、维护或保有组织知识）	882	2.96	0.87	3.23	0.83
萃取和编纂知识方法与技巧（如讲故事、数据挖掘、认知地图、决策树或知识分类）	882	2.82	0.92	3.17	0.89

165

续表

知识管理

描　　述	样本数	现在均值	现在标准差	未来均值	未来标准差
跨个人、团队和组织传播与共享知识的方法及技巧	838	3.10	0.84	3.40	0.78
设计和实施知识管理策略的技能	1049	2.87	0.92	3.22	0.85
识别来自各类渠道（如数据库、平面媒体和网络媒体、演讲和演示、观察）信息的质量、真实性、准确性、公正性和相关性	838	2.98	0.96	3.23	0.91
策划教学内容、工具和资源（如研究、评估、选择或组合可用的在线课件）	838	3.00	0.94	3.31	0.88
组织和综合来自各类渠道的信息（如数据库、平面媒体和网络媒体、演讲和演示、观察）	816	2.97	0.91	3.19	0.89
识别所需的信息类型和数量以支持人才发展活动	838	3.03	0.91	3.25	0.85
开发、管理、引导或支持知识网络和实践社区	837	2.93	0.91	3.31	0.79

职业与领导力发展

描　　述	样本数	现在均值	现在标准差	未来均值	未来标准差
如何开发和实施认证项目	910	2.48	1.01	2.76	1.02
开发、管理和解读智力、天赋、潜力、技能、能力或利益的评估结果	792	2.84	1.00	3.15	0.93

职业与领导力发展

描　述	样本数	现在均值	现在标准差	未来均值	未来标准差
引导职业发展规划过程（例如，帮助员工识别需求和职业目标，并准备发展计划）	845	2.62	1.03	3.00	1.02
职业发展的方法和技巧（如轮岗和拓展任务）	845	2.65	0.99	3.01	0.99
在各个职业阶段开设个人和团体职业规划课程以提供指导（如在岗培训和工作变动培训）	845	2.44	1.05	2.80	1.03
职业模型和路径（如垂直、水平、基于项目和矩阵）	845	2.41	0.99	2.79	0.99
领导力发展实践和技术（如正式培训项目、轮岗、教练或辅导）	845	3.04	0.92	3.35	0.82
采购、设计、构建和评估领导力开发经验	958	3.01	0.96	3.33	0.88

教　练

描　述	样本数	现在均值	现在标准差	未来均值	未来标准差
组织教练方法	845	2.57	1.03	2.95	0.99
帮助个人或团队识别目标，制订现实可行的行动计划，寻求发展机遇，进行过程监测并采取问责制	958	3.34	0.85	3.51	0.74
为了支持员工发展采用教练的方式和方法来辅导主管和经理	958	3.18	0.95	3.45	0.81
创建有效的教练契约	838	2.43	1.05	2.80	1.03

续表

教 练					
描　　述	样本数	现在均值	现在标准差	未来均值	未来标准差
评估教练有效性的方法和技巧	838	2.77	0.99	3.17	0.91
营造并培养与教练对象相互尊重和信任的环境	838	2.79	1.09	3.12	1.01
为员工招募、培训和匹配教练或导师	838	2.55	1.03	2.96	1.02
与教练有关的职业标准和道德准则	838	2.84	1.02	3.14	0.94

效果评估					
描　　述	样本数	现在均值	现在标准差	未来均值	未来标准差
评估学习和人才发展解决方案效果的模型与方法	798	3.12	0.86	3.46	0.75
定性和定量数据收集方法、技巧与工具（如观察、访谈、焦点小组、调查问卷或评测）	798	2.78	0.93	3.10	0.89
创建数据收集工具（如调查问卷、调查和结构化访谈）	798	2.97	0.92	3.22	0.85
研究设计方法和类型（如实验、相关描述、综合分析、纵向、横向）	798	2.29	0.98	2.60	1.01
选择或设计组织性研究（例如，定义研究问题，建立假设，并选择方法）	798	2.32	1.03	2.66	1.03
基于解决方案的评估策略或业务目标，识别和定义个人或组织成果指标	798	2.92	0.95	3.24	0.89

｜组织影响能力

业务洞察力

描　　述	样本数	现在均值	现在标准差	未来均值	未来标准差
业务或组织流程、运营和输出（如治理结构、商业模式、产品和服务）	989	2.06	0.90	3.23	0.87
商业战略和影响组织在行业中的竞争地位的因素	929	3.10	0.90	3.33	0.83
组织如何提供客户服务（例如，预测和评估需求，满足服务质量标准，评估客户满意度）	929	3.24	0.87	3.43	0.82
人才发展如何助力于组织竞争优势	929	3.20	0.91	3.43	0.82
财务管理原则（如定价、合同、预算、会计、预测和报告）	929	2.59	0.95	2.85	0.96
管理预算和资源	882	2.81	0.96	3.15	0.89
针对人才发展计划，运用的经济、金融和组织数据创建商业案例	882	2.93	0.94	3.31	0.87
沟通商业和财务信息，以使不同的受众使用适当的术语和相关案例	796	2.90	0.99	3.18	0.92

咨询与业务合作

描　　述	样本数	现在均值	现在标准差	未来均值	未来标准差
建立和管理组织或业务合作与关系	816	3.28	0.84	3.49	0.73
与组织内的业务部门合作，并为部门或组织人才需求提供指导	816	3.06	0.92	3.31	0.87
为保持组织或业务关系，持续管理利益相关者	798	3.18	0.90	3.42	0.78

续表

咨询与业务合作					
描　述	样本数	现在均值	现在标准差	未来均值	未来标准差
需求评估的方法和技巧	881	3.31	0.78	3.48	0.69
为获得承诺、支持和利益相关者的认同，综合信息以制定建议或一系列行动	882	3.26	0.82	3.46	0.76
为获得承诺、支持和利益相关者的认同，转化建议或一系列行动	882	3.33	0.81	3.50	0.73
寻找、建立或管理伙伴关系的方法和标准（如客户、供应商、大学和协会成员）	816	2.60	0.96	2.82	0.94
识别、减少和克服组织障碍，以实施人才发展解决方案或战略	976	3.10	0.89	3.33	0.83

组织发展与文化					
描　述	样本数	现在均值	现在标准差	未来均值	未来标准差
组织发展的概念（如组织设计、工作设计、团队的形成、文化规范和文化转变）	958	3.02	0.92	3.28	0.86
设计和实现组织发展战略	1049	3.00	0.93	3.33	0.85
与社会、组织和信息系统的设计、交互及运营相关的理论和框架（如系统思考、开放系统理论、混沌和复杂性理论、网络理论和行动研究）	1026	2.77	0.91	3.02	0.91
确定组织内的正式和非正式关系、等级结构与权力分配	881	2.82	0.96	2.98	0.94
组织管理的原则（如劳动分工、权利和责任、公平、秩序和统一）	1049	2.77	0.97	2.92	0.96

组织发展与文化

描　述	样本数	现在均值	现在标准差	未来均值	未来标准差
组织内的工作角色、关系和汇报结构	958	3.09	0.85	3.14	0.88
构建、支持和促进以人才与学习作为竞争优势驱动力的组织文化的策略及技巧	976	3.04	0.92	3.39	0.84
营造鼓励并为个人和团体之间的对话与反馈创造机会的文化（例如，设计协同工作实践和空间，利用角色扮演练习有效反馈技巧）	796	3.27	0.86	3.51	0.86
阐明与编纂人才和领导力原则、价值观和能力，以指导组织的文化及定义期望的行为	923	2.86	0.97	3.17	0.92
影响组织成果的员工敬业度和留用率	958	3.07	0.90	3.36	0.81
与组织行为计划和设计相关的原则、政策与实践（如储备、工作环境、危害、目标设定、工作稳定和自治）	958	2.54	1.00	2.77	0.99
评测和评估员工敬业度	910	2.81	0.98	3.13	0.92
设计和实施员工敬业度战略	1049	2.99	0.94	3.31	0.88

人才战略与管理

描　述	样本数	现在均值	现在标准差	未来均值	未来标准差
人才管理职能（如劳动力计划、员工发展、绩效管理、薪酬和奖励）	1049	2.98	0.96	3.23	0.91
根据组织、商业愿景和战略创建并调整人才发展愿景与战略	977	3.22	0.91	3.50	0.80

续表

人才战略与管理					
描　　述	样本数	现在均值	现在标准差	未来均值	未来标准差
为积极地影响组织成果，开发符合组织战略的人才战略	976	3.17	0.94	3.46	0.83
设计和实施针对人才发展项目、计划和职能的战略计划	976	3.06	0.92	3.34	0.84
识别影响人才发展计划的预期约束或问题（如资源不足或缺乏支持）	1049	2.99	0.94	3.31	0.88
建立和执行营销战略以促进人才发展	1049	2.63	1.02	3.00	1.01
设计和实施沟通战略以驱动人才管理目标	1049	3.16	0.84	3.39	0.77
沟通人才发展战略和解决方案如何支持业务目标的实现与组织结果的达成	796	3.21	0.86	3.49	0.76
沟通学习和专业发展的价值	836	3.19	0.90	3.43	0.78
继任计划和人才盘点流程（如评估、情景规划、人才流动和关键角色识别）	958	2.65	1.02	3.04	0.99
识别关键任务、工作和角色需求的方法（如工作分析、胜任力建模和领导力开发）	958	3.16	0.87	3.36	0.79
人才收购战略和概念（如人才流动、雇主品牌、被动和主动招聘、在岗培训）	1049	2.56	1.02	2.87	1.00
比较和评估人才发展战略的优点与缺点（如发展内部员工和招聘外部人才）	976	2.65	1.02	2.98	0.98
阐明现在和未来的人才与技能需求，以开发劳动力计划	923	2.84	0.96	3.20	0.90
设计和实施绩效管理战略	1049	2.91	0.92	3.17	0.89
识别和开发高潜人才的方法	845	2.76	1.02	3.15	0.98

绩效改进

描　　述	样本数	现在均值	现在标准差	未来均值	未来标准差
人力绩效改进的理论、模型和原则	910	2.88	0.91	3.15	0.88
绩效分析方法和技术（如业务流程分析、绩效差距评估和根因分析）	910	2.98	0.94	3.28	0.85
人类如何与工作环境、工具、设备和技术进行交互，以影响个人和组织绩效	1026	3.28	0.78	3.53	0.72
实施绩效分析以确定目标、差距或机会	910	3.10	0.91	3.38	0.79
为缩小绩效差距，设计和开发绩效改进解决方案	836	3.17	0.87	3.41	0.78
设计和实施绩效支持系统与工具（如教学资源、数据、流程模型、工作辅助和专家建议）	910	3.20	0.88	3.43	0.80
为提高人员绩效实施系统分析（例如，确定组织如何学习，缩小知识或技能差距，以及处理人为因素）	836	3.00	0.92	3.32	0.83

变革管理

描　　述	样本数	现在均值	现在标准差	未来均值	未来标准差
变革管理理论和模型（如勒温、科特和布里杰的变革模型，库伯勒-罗斯变化曲线和欣赏式探询）	910	2.60	0.99	2.95	0.94
变革如何影响人和组织	910	3.15	0.87	3.41	0.77
评估风险、阻力和后果以定义变革管理方法	910	2.83	0.96	3.1	0.88
设计和实施组织变革战略。	1049	2.98	0.91	3.36	0.82

数据与分析

声　明	样本数	现在均值	现在标准差	未来均值	未来标准差
分析的原理和应用（如大数据、预测建模、数据挖掘、机器学习和商业智能）	798	2.53	0.98	3.06	0.98
明确利益相关者的需要、目的、需求、问题、目标，为数据分析开发框架和计划	798	3.03	0.97	3.27	3.21
通过逻辑和实际可行的方法来收集与组织内外部数据，以便支持检索和相关操作	792	2.77	0.96	3.04	0.91
分析和解释数据分析的结果，以识别各变量之间的模式、趋势和关系	792	2.91	0.96	3.21	0.89
数据可视化，包括原则、方法、类型和应用（如纹理和颜色映射、数据呈现、图表和词云）	796	2.60	0.98	2.94	0.95
选择或使用数据可视化技巧（如流程图、图表、词云和热图）	796	2.74	0.93	3.04	0.92
统计理论和方法，包括计算、解释和统计报告的数据	798	2.34	0.98	2.70	1.01

未来准备度

声　明	样本数	现在均值	现在标准差	未来均值	未来标准差
影响人才发展的内外部因素（如组织和商业战略、可获得的劳动力、其他行业的发展、社会的趋势与技术进步）	929	3.06	0.91	3.30	0.86
实施环境扫描，以识别当前和新兴经济、立法、竞争和技术趋势	929	2.56	0.99	2.86	1.01

续表

未来准备度					
声　明	样本数	现在均值	现在标准差	未来均值	未来标准差
促进、支持和产生创新与创造力（如设计思维、头脑风暴和构想）	773	3.44	0.72	3.64	0.62
新兴学习技术和支持系统（如协作学习软件、学习管理系统、创作工具和社交媒体）	780	3.17	0.83	3.53	0.69
信息收集战略和技巧	838	2.93	0.89	3.15	3.09
应用自己以前所学以面对未来	773	3.64	0.65	3.71	0.59

人口统计数据的细节

2019 年 ATD 能力研究是迄今为止同类研究中规模最大的，有 3033 个有效回复。下表列出了受访者的人口统计数据（单位：人数/人；百分比/% ）。

受访者的年龄		
年　龄	人　数	百分比
15～20 年	0	0
21～30 岁	178	5.9
31～40 岁	715	23.6
41～50 岁	817	26.9
51～60 岁	700	23.1
61～70 岁	214	7.1
71～75 岁	26	0.9
我倾向不回答	367	12.1

受访者所在国家或地区					
国家或地区	人数	百分比	国家或地区	人数	百分比
美国	2331	76.9	伊朗	4	0.1
印度	78	2.6	卡塔尔	4	0.1
加拿大	54	1.8	孟加拉国	3	0.1
中国	42	1.4	比利时	3	0.1
沙特阿拉伯	32	1.1	丹麦	3	0.1
澳大利亚	24	0.8	法国	3	0.1
马来西亚	24	0.8	波兰	3	0.1
墨西哥	23	0.8	西班牙	3	0.1
新加坡	18	0.6	特立尼达和多巴哥	3	0.1
阿拉伯联合酋长国	18	0.6	亚克罗提利	2	0.1
埃及	17	0.6	巴巴多斯	2	0.1
尼日利亚	17	0.6	喀麦隆	2	0.1
菲律宾	17	0.6	埃塞俄比亚	2	0.1
英国	17	0.6	希腊	2	0.1
中国香港	14	0.5	爱尔兰	2	0.1
南非	12	0.4	列支敦士登	2	0.1
巴西	11	0.4	新西兰	2	0.1
日本	11	0.4	巴拿马	2	0.1
印尼	10	0.3	瑞典	2	0.1
巴基斯坦	10	0.3	乌兹别克斯坦	2	0.1
德国	9	0.3	阿鲁巴岛	1	0.0
肯尼亚	8	0.3	奥地利	1	0.0
土耳其	8	0.3	阿塞拜疆	1	0.0
阿根廷	7	0.2	白俄罗斯	1	0.0

受访者所在国家或地区					
国家或地区	人数	百分比	国家或地区	人数	百分比
智利	7	0.2	百慕大	1	0.0
哥伦比亚	7	0.2	不丹	1	0.0
朝鲜、韩国	7	0.2	博茨瓦纳	1	0.0
中国台湾	7	0.2	芬兰	1	0.0
科威特	6	0.2	洪都拉斯	1	0.0
波多黎各	6	0.2	中国澳门	1	0.0
巴哈马群岛	5	0.2	马其顿	1	0.0
巴林	5	0.2	摩洛哥	1	0.0
阿曼	5	0.2	莫桑比克	1	0.0
秘鲁	5	0.2	荷属安的列斯群岛	1	0.0
俄罗斯	5	0.2	塞尔维亚和黑山	1	0.0
瑞士	5	0.2	苏丹	1	0.0
泰国	5	0.2			

人才发展领域专业经验的年资		
经验年资	人　　数	百分比
少于 1 年	87	2.9
1～2 年	146	4.8
3～5 年	456	15.0
6～10 年	561	18.5
11～15 年	529	17.4
16～20 年	505	16.7
21～30 年	529	17.4
30 年以上	220	73

最高学历情况

教育背景	人　数	百分比
中等教育（高中、预科）文凭、证书或同等学力	33	1.1
职业学校文凭或证书	27	0.9
学院或本科课程	179	5.9
学院或本科学位	1073	35.4
研究生（硕士、博士）	1670	55.1

当前职业水平

职业水平	人　数	百分比
入门级	82	2.7
中级专家	541	17.8
高级专家	759	25.0
基层管理者	161	5.3
中层管理者	516	17.0
高层管理者	475	15.7
总监	176	5.8
高级总监	112	3.7
CEO	211	7.0

雇主、机构或企业类型

组织类型	人　数	百分比
本土营利组织	1009	33.3
跨国营利组织	976	32.2
本土非营利组织	337	11.1
政府	268	8.8
学术机构	202	6.7
其他	144	4.7

续表

雇主、机构或企业类型		
组织类型	人 数	百分比
跨国非营利组织	79	2.6
军队	18	0.6

雇主、机构或企业规模		
组织规模（人）	人 数	百分比
1	173	5.7
2～10	182	6.0
11～50	140	4.6
51～100	81	2.7
101～500	450	14.8
501～2500	627	20.7
2501～10000	564	18.6
10001～50000	454	15.0
50001～100000	181	6.0
100001 以上	160	5.3

人才发展部门规模		
人员数量（人）	人 数	百分比
1	472	15.6
2～5	888	29.3
6～10	484	16.0
11～50	641	21.1
51～100	178	5.9
101～500	202	6.7
501～2500	90	3.0

续表

人才发展部门规模		
人员数量（人）	人 数	百分比
2501~5000	20	0.7
5001 以上	24	0.8

人才发展部门向谁汇报		
部 门	人 数	百分比
人力资源	1433	47.2
运营	502	16.6
我们公司是一家小公司/独资企业/人才发展咨询公司	380	12.5
CEO/行政办公室	362	11.9
其他	44	1.5
财务	31	1.0

主要雇佣行业		
行 业	人 数	百分比
专业服务（人力资源、就业、研究、咨询、教育、培训、认证、许可）	618	20.4
医疗保健	314	10.4
金融	280	9.2
制造	208	6.9
学术	180	5.9
信息技术软件	156	5.1
保险	148	4.9
公共管理	112	3.7
制药、生物技术和生命科学	109	3.6
零售和贸易	107	3.5

主要雇佣行业		
行　　业	人　　数	百分比
运输和仓储	88	2.9
酒店及餐饮服务	82	2.7
公用事业	62	2.0
军事和国防	57	1.9
石油天然气	52	1.7
电信	47	1.5
媒体、艺术和娱乐	41	1.4
房地产	41	1.4
信息技术硬件设备	39	1.3
商务服务（印刷、办公设备、安全及报警）	27	0.9
其他	22	0.7
农业、渔业及狩猎	16	0.5
社会服务	15	0.5
法律	12	0.4
外包	12	0.4
采矿、林业	9	0.3
国际发展	9	0.3
旅游业	5	0.2
图书馆及资讯服务	5	0.2

项目贡献者

能力模型顾问委员会

- Britt Andreatta, CEO and President, Andreatta Consulting
- Elaine Biech, President, ebb associates inc.
- Nicole Carter, Talent Manager, US Venture Inc.
- John Coné, Principal, The Eleventh Hour Group
- Wendy Gates Corbett, CPLP, President, Refresher Training LLC
- David C. Forman, President, Sage Learning Systems
- Jonathan Halls, President and CEO, Jonathan Halls & Associates
- Karl Kapp, Professor and Consultant, Bloomsburg University, Institute for Interactive Technologies
- Dana Alan Koch, Global Learning Research and Innovation Lead, Accenture
- Jennifer Martineau, SVP Research, Evaluation & Societal Advancement, Center for Creative Leadership
- Pat McLagan, CEO, McLagan International Inc
- Kara Miller, Vice President, Comcast University, Comcast
- William Rothwell, President, Rothwell & Associates

With special thanks to Elaine Biech, John Coné, and William Rothwell for their guidance and support throughout the entirety of this project.

能力模型项目小组

- Grace Amos, Senior Manager, Talent Enablement & Development, Cisco Meraki
- Jennifer Brink, Senior Director, L&D Talent Development, Comcast
- Brian Davis, CPLP, Learning & Development Division Manager, Washington Suburban Sanitary Commission
- Jessica Gil, Director, Manager Experience, Talent Management, European Wax Center
- Jennifer Halsall, Senior Manager, Talent Strategy, TD Bank
- Bahaa Hussein, CPLP, Managing Partner MENA, SIMDUSTRY
- John Kostek, Business Interlock Manager, Hitachi Ventara
- Lance Legree, Global Learning Business Partner, Hilti
- Jay Maxwell, CPLP, Business Operations and Training Consultant, Toyota Connected North America
- Kent Nuttall, CPLP, President, Torch Solutions Group
- Joseph Reamer, Academy Lead, HSBC Finance Corporation

主题专家

- Michelle Baker, Talent Development Consultant,

phase(two)learning

- Michelle Braden, Vice President, Global Learning and Talent Management, WEX Inc.

- Robert Brinkerhoff, Professor, Western Michigan University

- Brian Clouse, CPLP, Head, Corporate Learning Programs, Saudi Aramco

- JD Dillon, Chief Learning Architect, Axonify

- Diane Elkins, Artisan E-Learning

- Rodrigo Lara Fernandez, CEO, Mas Consultores

- Chuck Hodell, National Labor College

- Catherine Lombardozzi, Founder, Learning 4 Learning Professionals

- Seema Nagrath Menon, CPLP, Managing Director and Founder, Center for Action in Learning Management

- Jack Phillips, Chairman, ROI Institute

- Patti Phillips, CEO, ROI Institute

- Dave Ulrich, Co-Founder and Principal, RBL Group

ATD 首席人才发展官

- Kimberly Currier, Senior Vice President, People Strategy, North Highland

- Tamar Elkeles, Chief Human Resources Officer, XCOM
- Tara Deakin, Chief Talent and Development Officer, Spin Master
- Suzanne Frawley, Director, Talent Management, Plains All American
- Joyce Gibson, Vice President, Instructional Design, Learning Technologies, and Technical Communications, Barclaycard US
- Regina Hartley, Vice President, Global Talent Management, UPS
- Jayne Johnson, Vice President, Enterprise Learning and Development, Alkermes
- Rebecca Jones, Chief People Officer, European Wax Center
- Kimo Kippen, President, Aloha Learning Advisors LLC; Former Chief Learning Officer, Hilton Hotels
- Brian Miller, Vice President, Talent, Development & Inclusion, Gilead Sciences
- Terri Pearce, Executive Vice President HR, Head, Learning and Talent Development, HSBC USA
- Eivind Slaaen, Head, People and Culture Development, Hilti Corporation
- Martha Soehren, Chief Talent Development Officer,

Comcast

- Lou Tedrick, Vice President, Global Learning and Development, Verizon

- Tim Tobin, Vice President, Franchisee Onboarding and Learning, Choice Hotels

- Jim Woolsey, President, Defense Acquisition University

ATD 国家分会顾问

- Chris Coladonato, CPLP, NAC Chair, Professional Development Leader, Farmers Insurance

- Elizabeth Beckham, Learning and Development Manager, Turner Industries Group LLC

- Roger Buskill, Faculty, University of Louisville

- Tracie Cantu, Director, Learning Technology, Whole Foods Market

- Krishna Clay, Senior Learning Advisor, HR, First National Bank of Omaha

- Bernadette Costello, Managing Partner, BCC Consulting LLC

- Lisa Goodpaster, Associate Director, Project Management, University of Illinois-Carle, Illinois College of Medicine

- David Hofstetter, Coach, Facilitator, Speaker, The

Hofstetter Group

- Stephanie Hubka, CPLP, Managing Partner, Protos Learning
- Bonnie Moore, CEO, Moore Lead & Learn LLC
- Tiffany Prince, Founder and President, Prince Performance
- Laura Renaud, CPLP, Learning Leader, Medtronic
- Jennifer Rogers, CPLP, Chief Discovery Advocate, Development Ocean
- Lorinda Schrammel, Director, Talent Development, Oklahoma State University
- Katie Vaillancourt, Corporate Training Manager, Vaillancourt Corporate Training
- Linda Warren, CPLP, Director, Learning, Thornton Tomasetti

ATD 认证协会董事会

- Cynthia Allen, President, SeaCrest Consulting Company
- Michael Decker, Vice President, Examinations, AICPA
- Sean Walters, CEO and Executive Director, Investment & Wealth Institute
- Shannon Carter, Former Vice President, Education, SCRUM Alliance
- Dale Cyr, CEO and Executive Director, Inteleos

ATD 能力模型项目组

- Holly Batts, Associate Director, Credentialing, ATD
- Kristen Fyfe-Mills, Director, Marketing and Strategic Communications, ATD
- Pat Galagan, Executive Editor, ATD
- Morgean Hirt, Director, Credentialing, ATD
- Jennifer Homer, Vice President, Community and Branding, ATD
- Courtney Vital, CPLP, Associate Vice President, Education, ATD

ATD 会员

- Elizabeth Decker, Senior Manager, Product Development
- Brandon Grubesky, Director, Membership
- Maria Ho, Associate Director, Research
- Tim Ito, Vice President, Content
- Paula Ketter, Content Strategist
- Amanda Miller, Senior Director, Enterprise Solutions
- Ann Parker, Senior Manager, Senior Leaders and Executives
- Nelson Santiago, Facilitator

- Jeff Surprenant, Senior Manager, Product Management and Learning Technologies
- Wei Wang, CPLP, Senior Director, Global

编辑支持

- Carrie Cross, Cross Learning Consulting
- Jack Harlow, Developmental Editor, ATD Press
- Melissa Jones, Manager, ATD Press
- Mark Morrow, Independent Editorial Consultant
- Hannah Sternberg, Production Editor, ATD Press

参考文献

Arneson, J., W.J. Rothwell, and J. Naughton. 2013. *ASTD Competency Study: The Training & Development Profession Redefined*. Alexandria, VA: ASTD Press.

Association for Talent Development (ATD). 2018a. *2018 State of the Industry*. Alexandria, VA: ATD Press.

Association for Talent Development (ATD). 2018b. *Lifelong Learning: The Path to Personal and Organizational Performance*. Alexandria, VA: ATD Press.

Association for Talent Development (ATD). 2019. *2019 Talent Development Salary and Benefits Report*. Alexandria, VA: ATD Press.

ATD Public Policy Council. 2018. *Bridging the Skills Gap*. Whitepaper. Alexandria, VA: Association for Talent Development.

Bernthal, P.R., K. Colteryahn, P. Davis, J. Naughton, W.J. Rothwell, and R. Wellins. 2004. *Mapping the Future: New Workplace Learning and Performance Competencies*. Alexandria, VA: ASTD Press.

Campion, M.A., A.A. Fink, B.J. Ruggeberg, L. Carr, G.M. Phillips, and R.B. Odman. 2011. "Doing Competencies Well: Best Practices in Competency Modeling." *Personnel Psychology* 64:225–262.

Collins, B. 2018. "Develop Your Career With Professional Certification." *TD at Work*. Alexandria, VA: ATD Press.

Eubanks, B. 2019. "Meeting Tomorrow's Skills Demands Today." *TD at Work*. Alexandria, VA: ATD Press.

Lasse, C. 2015. "How Can My Company Use Competency Models." ATD Insight, December 2. www.td.org/insights/how-can-my-company-use-competency-models.

McLagan, P.A., and D. Bedrick. 1983. *Models for Excellence*. Alexandria, VA: ASTD Press.

McLagan, P.A., and D. Suhadolnik. 1989. *Models for HRD Practice*. Alexandria, VA: ASTD Press.

Nagarajan, R., and R. Prabhu. 2015. "Competence and Capability—A New Look." *International Journal of Management* 6(6): 7–11.

Pinto, P., and J. Walker. 1978. *A Study of Professional Training and Development Roles and Competencies*. Alexandria, VA: ASTD Press.

Piskurich, G.M., and E.S. Sanders. 1998. *ASTD Models for Learning Technologies*. Alexandria, VA: ASTD Press.

Rothwell, W.J. 1996. ASTD *Models for Human Performance Improvement*. Alexandria, VA: ASTD Press.

Rothwell, W.J, and J. Graber. 2010. *Competency-Based Training Basics*. Alexandria, VA: ASTD Press.

Rothwell, W.J., E.S. Sanders, and J.G. Soper. 1999. *ASTD Models for Workplace Learning and Performance*. Alexandria, VA: ASTD Press.

Spencer, L.M., and S.M. Spencer. 1993. *Competence at Work: Models for Superior Performance*. New York: John Wiley & Sons.

关于作者

帕特里夏·加拉甘在 2019 年退休之前，作为 ATD（前 ASTD）的作家和主编，对培训和人才发展进行了近 40 年的报道。她的职业生涯始于 ASTD 的《培训与发展》杂志的编辑，她也是 ASTD 第一本数字杂志《技术培训》和《学习周刊》的创始编辑。她与 ATD 首席执行官托尼·宾汉姆一起为《培训与发展》杂志做了超过 50 位主要公司的 CEO 访谈。多年来，她还为《培训与发展》杂志撰写了关于人才发展趋势的季度专栏，并为高级领导和高管实践社区管理内容。她曾与凯文·奥克斯共同担任《整合人才管理执行指南》的主编。

她拥有圣伊丽莎白学院的法语学士学位和乔治梅森大学的英语硕士学位。从 ATD 退休后，她把她毕生的爱好变成了一份全职工作，成为一名艺术摄影师，工作地点在新墨西哥州的圣达菲。

 作为 ATD 的认证主任，莫吉安·赫特拥有超过 25 年的非营利组织的各种个人认证和专业认证经验。她致力于通过建立行业标准来促进职业发展。她为开发和实施认证项目发展提供战略性领导力和技术，专注于政策和标准开发、测试开发、董事会和委员会治理、项目审计、战略规划，以及 ANSI/ISO 17024 和 NCCA 认证。

她领导了一些组织为新兴职业建立行业标准，包括临床研究、按摩疗法和抵押贷款代理。在加入 ATD 之前，她花了 10 年时间担任认证基金募集执行官国际认证委员会的首席执行官，负责建立跨越六大洲的资金募集的统一标准。她还曾在 Metacred 担任高级客户经理，这是一家专业从事认证管理的公司，她的客户包括几个与 IT 相关的协会。她住在华盛顿特区，是卓越认证研究所（ICE）的活跃成员，曾担任教育和项目委员会的成员，并在 ICE Exchange 做过演讲。

考特尼·维塔是 ATD 的高级主管,该协会倡导的学习活动能帮助专业人士发挥他们的潜力,提升他们的信誉度,促进他们的职业发展。她热衷于帮助组织重新设想如何设计和交付学习,以适应对现代劳动力的需求。凭借其在协会内领先的全球学习业务、非营利性和营利性环境中的经验,她的专业领域包括:学习和教育产品战略;项目设计和开发,内容包括学习生态系统、认证、证书和认证项目、研讨会、活动和在线学习课程;将传统的学习产品转变为模块化、数字化的学习体验;评估和评价;能力模型、可迭代的学习和认证渠道;学习技术的实现等。

她在 ATD 工作了十多年,将 ATD 的教育业务发展成一个全球培训机构,迄今为止已经为超过 10 万名学员提供了服务。她曾担任人力资本研究所的首席学习官,负责研究所的学习战略和思维领导力,以及针对高级人力资源专业人士的一系列认证项目。她在 L&D、人才和人力资源领域拥有丰富的专业知识,对学习体验设计和开发有着深刻的技术理解,并拥有建立教育业务的实际操作经验。她拥有学习和绩效专业认证证书,以及北卡罗来纳大学教堂山分校的新闻和大众传播专业学士学位。她还是宾夕法尼亚州立大学成人教育硕士研究生,与丈夫和两个女儿住在华盛顿特区。

反侵权盗版声明

电子工业出版社依法对本作品享有专有出版权。任何未经权利人书面许可，复制、销售或通过信息网络传播本作品的行为；歪曲、篡改、剽窃本作品的行为，均违反《中华人民共和国著作权法》，其行为人应承担相应的民事责任和行政责任，构成犯罪的，将被依法追究刑事责任。

为了维护市场秩序，保护权利人的合法权益，我社将依法查处和打击侵权盗版的单位和个人。欢迎社会各界人士积极举报侵权盗版行为，本社将奖励举报有功人员，并保证举报人的信息不被泄露。

举报电话：（010）88254396；（010）88258888

传　　真：（010）88254397

E-mail：　dbqq@phei.com.cn

通信地址：北京市万寿路 173 信箱

　　　　　电子工业出版社总编办公室

邮　　编：100036